世界の流れがよくわかる

アメリカの歴史

島崎 晋
Susumu Shimazaki

JIPPI Compact

実業之日本社

装幀◎杉本欣右
本文デザイン／図版◎笹森　識
編集協力◎オフィスON
英語監修◎Michael C. Reed

◎はじめに

アメリカの「内実」を知らなければ、世界は見えてこない

アメリカがクシャミをすれば世界が風邪《かぜ》をひく。二〇一六年の大統領選挙で共和党選出のドラルド・トランプが当選を果たしてからというもの、トランプの一極支配に世界中の耳目《じもく》が集まり、年が明けてからは、右の言葉がジョークでは片づけられない状況になっている。

なぜ、トランプの言動にそれほど注目が集まるのか。

端的に言えば、これにはいくつかの要因が重なっている。一つにはアメリカが依然として超大国でありながら、斜陽にあるのが明らかなこと、また一つにはアメリカ史上初、政治経験ゼロで大統領となったトランプの主張が国際協調やグローバリズムに背を向けるだけでなく、環境破壊も気にせず、自由・平等・人権といった建国の理念にも反するなど、アメリカの大統領としてはあまりにも異質なこと、さらには日頃の言動が下品にしてかつ過激であることが挙げられる。

このため、アメリカ国内では支持派と反対派の分断がはなはだしく、国外でも隣国のメキシコをはじめ、イスラム諸国やEU諸国、中国など、反発や強い懸念《けねん》を示す国々が多い。外交面ではロシアとの関係改善を唱《とな》えているが、ロシア側の軟化がまったくないままそれを進めれば、ウクライナにおけるロシアの行動を容認すること、シリアではアサド政権による再統一を後押しすることになりかねない。また、現実にイスラエルのアメリカ大使館をテルアビブからエルサレムに移せば、パ

レスチナ人やイスラム過激派だけではなく、周辺アラブ諸国をも刺激して、第五次中東戦争を誘発する恐れもあるなど、不安材料ばかりというのが現状である。

トランプが当選すればこうなることは予測されていたにも関《かか》わらず、アメリカ人はトランプを選んだ。それだけに、アメリカを自由主義陣営のリーダーとして、いざという時に頼りとなる存在、あらゆる現代文化の源《みなもと》と仰《あお》いできた日本人の戸惑《とまど》いは大きい。

トランプ政権下のアメリカは、この半世紀のアメリカとはまったく異質の存在になろうとしている。われわれは、これにどう対処したらよいのか。多くの人が何らかの答えを求めているに違いない。

正解が何にせよ、これだけは断言できる。「どうしたらよいか」という問題を解くには、「どうしてこうなったのか」をはっきりさせておくこと、アメリカという国の内実を知らなければならないということである。

これまで、アメリカ通ないしはアメリカ贔屓《びいき》を自任する日本人の多くは何らかの片寄りを持っていた。ホワイトハウスや議会、国防総省のあるワシントンしか見ていないか、経済と文化の中心であるニューヨークしか見ていない人、あるいは人種問題や衝撃的な犯罪だけ、映画やテレビドラマだけ、果てはラスベガスだけ、ディズニーランドやハリウッドだけという人もいるが、すべてにあてはまるのは、「一斑《いっぱん》を見て全豹《ぜんぴょう》を卜《ぼく》す」という中国晋書《しんしょ》に出てくる言葉である。一部を知っただけで全体を知った気になるという意味で、これでは訪米経験をいくら重ねようが、その人から傾聴に値《あたい》する話を聞き出すことは不可能と言ってもよい。

アメリカの全体像を知るには、やはりその歴史を見直すよりほかない。建国からわずか二五〇年に満たない歴史とその前史に、答えにつながるヒントがあるはずである。

初期の入植者はどういう人びとだったのか。なぜイギリスから独立する必要があったのか。憲法には何が記されているのか。どうしてイギリス本土と人の気質が異なるのか。どうして経済・軍事大国となりえたのか。こうした基本中の基本をよくよく顧《かえり》みることが求められるわけだが、一般読者には分厚《ぶあつ》い専門書を読破し、理解することは不可能に近い。そこで、本書のような企画が生まれたのだった。

類似本はいくつも出ているが、本書の大きな特徴は歴史性に重きを置いている点にある。歴史には文化や宗教も伴《ともな》われる。始まりから順を追って見ていくことで、トランプ大統領誕生の秘密も明らかになるはずである。

また、歴代大統領が国民をどう導こうとしていたかがひと目でわかるよう、各章に一つずつ代表的な大統領演説の一部を日英対訳で載せてあるので、併せて目を通してほしい。

本書を通じて、一人でも多くの読者が等身大のアメリカを直視できるようになれば幸いである。

二〇一七年二月

島崎　晋

アメリカの歴史年表……❶

1800年まで

アメリカの国内史

1584 ウォルター・ローリーによる入植の開始
1607 ヴァージニア植民地の建設開始
1636 ハーヴァード大学の創設
1664 ニューヨークの誕生
1692 セイラムの魔女裁判で25人の死者が出る
1734 最初のリバイバル運動始まる
1767 タウンゼント諸法の施行
1773 ボストン茶会事件
1775 アメリカ独立戦争の始まり
1786 ヴァージニア信教自由法の制定

世界の主な歴史とアメリカとの関係史

1492 コロンブスがバハマ諸島に上陸
1689 ウィリアム王戦争が勃発
1740 オーストリア・プロイセン間でオーストリア戦争が勃発
1756 オーストリア・プロイセン間で七年戦争が勃発
1762 フランスがミシシッピ川以西をフランスに譲渡
1763 フレンチ・インディアン戦争に敗れ、フランスが北米から撤退
1778 米仏同盟の締結。フランスがイギリスに宣戦布告
1783 パリ条約締結。アメリカ独立の承認
1784 初めて対中貿易に参入
1793 フランス革命政府と対仏大同盟の争いに対して中立を宣言

日本の主な歴史とアメリカとの関係史

1600 関ケ原の戦いで徳川家康が勝利
1603 江戸幕府の始まり
1615 豊臣家の滅亡
1618 キリスト教禁教令が公布
1622 元和の大殉教
1635 海外渡航と渡航者の帰国が禁止される
1639 ポルトガル船の来航を禁止。鎖国体制の完成

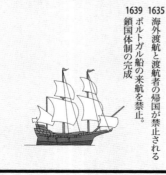

19世紀前半

1812 対英戦争の開始

1813 フランスからルイジアナを購入

1819 スペインからフロリダを獲得

1820 ミズーリ協定が成立

1822 モンロー主義を宣言

1830 先住民強制移住法が成立

1833 アメリカ奴隷制反対協会が設立

1844 モースが電信の実用化に成功

1847 モルモン教がユタに定住

1848 カリフォルニアで金鉱発見

1806 ナポレオンが大陸封鎖令を発布

1815 ワーテルローの戦いでナポレオンが敗北

1818 英領カナダとの国境が画定

1821 アメリカ植民協会がリベリアの建設を開始

1835 テキサス独立戦争の始まり

1840 中国でアヘン戦争が勃発

1844 中国の大清帝国と望厦《ぼうか》条約を締結

1845 アイルランドでジャガイモ飢饉が発生

1846 米墨戦争の勃発

1848 ヨーロッパ各地で革命運動が起こる

1803 アメリカ船が長崎に来航

1837 モリソン号が浦賀に来航

1846 東インド艦隊司令長官ビッドルが浦賀に来航

1848 アメリカの船員が利尻島や北海道に上陸

1849 アメリカの軍艦プレブル号が漂流者引き取りのため長崎に来航

アメリカの歴史年表……❷

19世紀後半

アメリカの国内史

- 1852 ストウ夫人の『アンクル・トムの小屋』が刊行
- 1859 ペンシルヴェニアで石油が発見
- 1861 南北戦争が勃発
- 1863 奴隷解放宣言がなされる
- 1869 最初の大陸横断鉄道が開通
- 1877 連邦軍の南部からの撤退が完了
- 1887 ドーズ法の制定
- 1890 反トラスト法の制定
- 1893 シカゴで万国博覧会を開催
- 1896 連邦最高裁が「分離すれども平等」の判決

世界の主な歴史とアメリカとの関係史

- 1860 ロシアがウスリー川以東の沿海州を獲得
- 1863 上海にあった租界をイギリスのそれと合併
- 1867 ロシアからアラスカを購入
- 1882 中国人労働者入国禁止法の制定
- 1893 ハワイ王国で政変が起こり、親米政権が成立
- 1895 キューバ独立戦争が勃発
- 1898 ハワイを併合。米西戦争によりフィリピン、グアムも獲得
- 1899 フィリピンでアギナルドの反乱が勃発　国務長官ヘイが門戸開放の宣言

日本の主な歴史とアメリカとの関係史

- 1851 アメリカ船が漁民万次郎らの護送で琉球に来航
- 1853 ペリー来航
- 1854 日米和親条約の締結
- 1857 下田条約の締結
- 1858 日米修好通商条約の締結
- 1860 アメリカ人ヒュースケンの暗殺
- 1871 岩倉具視らの欧米視察団が出発
- 1879 前大統領グラントが来日

20世紀前半

- 1908 自動車の大量生産始まる
- 1920 女性参政権が認められる
- 1924 国別移民割当法が成立
- 1925 授業で進化論を教えた教師に有罪判決
- 1927 リンドバーグが大西洋無着陸飛行に成功
- 1929 ニューヨーク市場で株価が大暴落。世界恐慌の始まり
- 1933 ローズヴェルト大統領がニューディール政策を開始
- 1935 交戦国への武器輸出を禁じる
- 1939 中立法を事実上撤廃

- 1900 他の列強七カ国と共同して北京に出兵
- 1917 第一次世界大戦に参戦
- 1918 シベリア出兵
- 1920 ヴェルサイユ条約の批准を否決

- 1939 第二次世界大戦が勃発
- 1943 英ソ中の首脳とカサブランカ、カイロ、テヘランで会談
- 1944 ノルマンディー上陸作戦に成功
- 1945 ドイツ、日本の降伏により第二次世界大戦終結
- 1947 トルーマン・ドクトリンとマーシャル・プランを発表
- 1948 朝鮮半島南部に大韓民国（韓国）が成立

- 1905 ポーツマスで日露講和会議
- 1917 石井・タンシング協定を締結
- 1921 四カ国条約の締結
- 1922 九カ国条約の締結

- 1939 日米通商条約の破棄を通告
- 1940 対日屑鉄《くずてつ》・鉄鋼輸出の規制を開始
- 1941 真珠湾攻撃をきっかけに日米開戦へ
- 1942 ミッドウェー海戦に勝利
- 1945 日本を無条件降伏させる
- 1947 日本国憲法の制定

アメリカの歴史年表……3

20世紀後半

アメリカの国内史

- 1950 マッカーシズム（赤狩り）始まる
- 1954 連邦最高裁が人種分離教育に違憲判決を下す
- 1958 国内初の人工衛星打ち上げに成功
- 1963 キング牧師らによるワシントン大行進
- 1963 ダラス遊説中のケネディ大統領が暗殺
- 1969 宇宙船アポロ11号が月面着陸に成功
- 1969 先住民がアルカトラズ島を占拠
- 1979 スリー・マイル島の原発で放射能漏れ事件が発生
- 1992 ロサンゼルスで大規模な黒人暴動が発生
- 1998 ビル・クリントン大統領の不倫スキャンダルが公に

世界の主な歴史とアメリカとの関係史

- 1950 朝鮮戦争が勃発
- 1957 ソ連が人工衛星スプートニク号打ち上げに成功
- 1961 ベルリン危機の発生
- 1962 キューバ危機の発生
- 1964 トンキン湾事件を口実に北ベトナムへの爆撃を開始
- 1972 ニクソン大統領が中国を訪問
- 1973 ベトナム休戦協定に調印
- 1979 テヘランでアメリカ大使館占拠事件が発生
- 1985 米ソ首脳会談の開催
- 1989 冷戦終結
- 1991 湾岸戦争を主導
- 1995 ベトナムとの国交正常化

日本の主な歴史とアメリカとの関係史

- 1951 サンフランシスコ講和条約に調印
- 1960 日米安保条約に調印
- 1982 ＩＢＭ産業スパイ事件が起こる
- 1988 スーパー３０１条を含む包括的通商法の成立
- 1988 日系人強制収容補償法が成立
- 1992 ハロウィンに日本人留学生殺人事件が発生
- 1993 アメリカから日本への牛肉とオレンジの輸出が自由化

21世紀

- 2001 9・11 同時多発テロ事件
- 2005 巨大ハリケーン・カトリーナが甚大な被害をもたらす
- 2007 サブプライムローン問題が表ざたに
- 2008 国内第４位の投資銀行リーマン・ブラザーズが経営破綻
- 2009 民主党のバラク・オバマが黒人初の大統領に就任
- 2017 共和党のドナルド・トランプが大統領に就任

- 2000 中東和平交渉が決裂
- 2001 アフガニスタン戦争
- 2003 イラク戦争
- 2008 リーマン・ショックを引き金に国際的な金融危機が発生
- 2015 イランと欧米６カ国との間に核合意が成立
- 2016 アメリカとキューバが国交正常化

- 2009 天皇皇后両陛下がアメリカを訪問
- 2015 日本で安保関連法案が成立
- 2016 オバマ大統領が広島を訪れ、平和記念公園で追悼演説
- 2016 安倍晋三首相が真珠湾を訪問

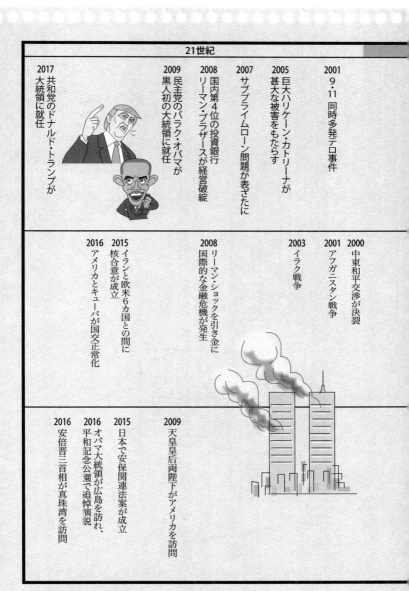

アメリカの国土（州分割）地図

オリンピア
ワシントン
セイレム
コロンビア川
ヘレナ
モンタナ
ノースダコタ
ビスマーク
オレゴン
ボイシ
アイダホ
ロ
ッ
キ
ー
山
脈
ピーア
サウスダコタ
ワイオミング
シャイアン
ネブラスカ
サクラメント
カーリンシティ
ネバダ
ソルトレイク
シティ
リンカーン
デンヴァー
ユタ
トピーカ
コロラド
カンザス
カリフォルニア
コロラド川
アーカンザス川
サンタフェ
アリゾナ
オクラホマ
オクラホマ
シティ
ニューメキシコ
フェニックス
太平洋
テキサス
オースティン
メキシコ
アラスカ
ジュノー
ハワイ
ホノルル

ノースカロライナ州	独立13州の一つ。植民地議会として最初に独立を宣言した州で、入植当初からタバコ栽培が盛んだった。東西に長く、多くの滝や急流が横一線上に連続的に分布するフォール・ラインを中心に工業も発達した。
サウスカロライナ州	独立13州の一つ。州名は時の国王チャールズ二世のラテン名カルロスに由来。ロー・カントリーと呼ばれる沿岸低地とアップ・カントリーと呼ばれるピードモント台地からなり、州土の約3分の2が森林で占められる。
ジョージア州	独立13州の一つ。州名は国王ジョージ2世にちなむ。州都アトランタは南部最大の都市で、同州自体も南部で中心的地位を占めたことから、「南部の帝国州」の俗称をもつ。全米で第1位の落花生の生産地でもある。
フロリダ州	1819年にスペインからアメリカに割譲され、1845年には27番目の州として連邦に加入した。太陽光に恵まれた海岸保養地やディズニー・ワールド、ケネディ宇宙センターを有するなど、観光業を主力産業とする。
アラバマ州	1783年にイギリス領からアメリカ領へ、南西部の海岸部は1813年にスペインから譲渡され、これに伴い22番目の州となった。州名は「茂みを切り開く」を意味する先住民の言葉に由来。公民権運動発祥の地。
ミシシッピ州	第2次対英戦争後の1817年、20番目の州として連邦に加入。州名は「大きな川」を意味する先住民の言葉にちなむ。南北戦争期までは綿花栽培が盛んで、その関係から今も黒人人口の占める割合が3割を超えている。
テネシー州	1796年に16番目の州として連邦に加入。州名は先住民の集落名に由来する。州地はアパラチア山脈が連なる東部、丘陵と盆地からなる中部、ミシシッピ川により形成された沖積平野が広がる西端部からなっている。
ケンタッキー州	1783年のパリ条約によってアメリカ領となり、1792年には15番目の州として連邦に加入した。州名は先住民のつけた名称に由来。ブルー・グラスというカントリー・ミュージックや競走馬の飼育でも知られる。
オハイオ州	1803年に17番目の州として連邦に加入。州名は「美しい川」を意味する先住民の言葉に由来。8人の大統領を輩出している。州都のコロンバスは全米で最初にショッピング・センターが設けられたところ。
インディアナ州	1816年に19番目の州として連邦に加入。州名は「インディアンの土地」に由来。「フージアの州」とも呼ばれるが、語源については諸説あって、カンバーランド方言で「高地人」を意味する言葉に由来するともいう。
ミシガン州	1837年に26番目の州として連邦に加入。馬車の生産では全米第1位を誇り、そこでつちかわれた高い技術を自動車産業に応用して、新たな主幹産業とした。ゼネラル・モーターズやフォードモーターの本社も州内にある。
ウィスコンシン州	独立を達成した1783年にアメリカ領となり、1848年には30番目として連邦に加入。州名は「川の集まる場所」ないしは「多くの島のある川」を意味する先住民の言葉にちなむ。酪農やビールの製造で名高い。

Point

全米50州の成立経緯と特筆すべきポイント

メイン州	1820年にマサチューセッツ州から分離して新しい州となる。東は大西洋に面することから水産業が盛んで、州内の9割が森林で占められることから、林産資源を活かした産業も州経済を支える大きな柱となっている。
ニューハンプシャー州	独立13州の一つ。州名はイングランド南部の地名ハンプシャーに由来。牧歌的な農村風景や初期の植民集落リトル・ハーバーをはじめ、アメリカ草創期をうかがわせる土地柄が多くの行楽客を引き寄せている。
ヴァモント州	1791年に14番目の州として連邦に加入。州名は「緑の山」を意味するフランス語に由来。自然に恵まれ、冬場はスキー場、夏場は避暑地として賑わう。大理石や花崗岩、アスベストなどの一大産地でもある。
マサチューセッツ州	独立13州の一つ。州名は「大きな丘のあるところ」を意味する先住民の言葉に由来。ピルグリム・ファーザーズの入植地で、独立戦争勃発の場所でもある。ハーバード大学をはじめとする高等教育機関も集中している。
ロードアイランド州	マサチューセッツ植民地から追放された人びとによって築かれ、独立13州の一つとなる。面積3144平方キロメートルと、全米で最も狭い州で、人口・産業ともに南東部のナラガンセット湾岸に集中している。
ニューヨーク州	独立13州の一つ。州名は領有権を獲得した時のイギリス国王の弟ヨーク公に由来する。全米最大の都市ニューヨークを擁し、経済と文化の中心となったことから、「エンパイア・ステイト(帝国州)」とも呼ばれる。
コネティカット州	独立13州の一つ。面積は全米50の中で下から3番目という狭さ。州土の大半がブナ、カエデ、カシなどの硬木林でおおわれ、「アルプス一万尺、小やりの上で～」の原曲とされる『ヤンキー・ドゥードル』を州歌とする。
ニュージャージー州	独立13州の一つ。州名は植民地時代の知事がジャージー島出身であったことによる。巨大都市ニューヨークとフィラデルフィアを結ぶ交通軸に位置することから、北東部臨海地区のかなめとして、さまざまな産業が発達した。
メリーランド州	独立13州の一つ。東方チェサピーク湾内のケント島に毛皮交易所が建設されたことから入植が開始され、州名は時のイギリス王妃ヘンリエッタ・マリアにちなむ。首都ワシントンに隣接する関係上、公務員の比率が高い。
デラウェア州	独立13州の一つ。州名はヴァージニア植民地初代総督の名にちなむ。合衆国憲法を一番に批准したことから、「ファースト・ステイト(最初の州)」の俗称をもつ。ブロイラー生産が盛んでニワトリを州の鳥とする。
ペンシルヴェニア州	独立13州の一つ。州名は国王から同地開拓の勅許を得たウィリアム・ペンに由来。1790年から1800年まで首都であったフィラデルフィアやリンカーンの演説で知られるゲティスバーグなどの地もある。
ヴァージニア州	独立13州の一つ。州名は国王エリザベス一世が処女王と称したことにちなむ。初代のワシントン以下、8人の大統領を輩出した地であることから、「マザー・オブ・プレジデンツ(大統領の母)」とも呼ばれる。
ウエストヴァージニア州	ヴァージニア州の一部であったが、1861年に分離独立を果たし、1863年には35番目の州として連邦に加入。全体に山がちであることから、「マンテン・ステイト」の異名をもつ。地下資源と林山資源に恵まれる。

ワイオミング州	1803年にフランスから購入され、1890年には44番目の州として連邦に加入。州土の大半は山地によって占められる。地方議会における婦人参政権を国内で最初に認めたことから、「同権の州」とも呼ばれる。
コロラド州	1803年のルイジアナ購入で東半部が、1848年の米墨戦争で西半部がアメリカ領となり、1876年には38番目の州として連邦に加入。州名は「赤らんだ」を意味するスペイン語に由来。平均標高では全米一を誇る。
ニューメキシコ州	スペイン領、メキシコ領を経て、1848年の米墨戦争と1853年のガズデン購入によって全土がアメリカ領となる。1912年には47番目の州として連邦に加入。メキシコ系人口が全米で最も多い州である。
アリゾナ州	1848年の米墨戦争と1853年のガズデン購入によって全土がアメリカ領となる。1912年には48番目の州として連邦に加入。州名は「小さな泉」を意味する先住民の言葉にちなむ。年間を通じて晴天の日が多い。
ユタ州	1896年に45番目の州として連邦に加入。大半が乾燥地域に属することから敬遠され、白人の入植が進展するのはモルモン教徒の移住以降となった。現在でも州人口も約7割がモルモン教徒によって占められている。
アイダホ州	1818年から英米の共同所有、1846年にはアメリカの単独領となり、1890年には43番目の州として連邦に加入。州名は「太陽が昇る」を意味する先住民の言葉に由来。南部はジャガイモと大麦の一大生産地。
ワシントン州	アメリカ本土の北西端に位置し、西に太平洋を臨む。1889年に42番目の州として連邦に加入。州名は初代大統領の名にちなむ。豊富な森林資源に恵まれていることから、「エバーグリーン州(常緑州)」とも呼ばれる。
オレゴン州	英米共同所有を経て、1846年にアメリカの単独領に。1859年には33番目の州として連邦に加入。製材や家具製造など、森林資源を活用した産業と農業が経済の柱で、環境保全運動の盛んな州としても知られる。
ネヴァダ州	米墨戦争の結果、1848年にはアメリカ領に。ユタ準州の一部であったが、1864年には36番目の州として連邦に加入。州名は「雪の」を意味するスペイン語にちなむ。ラスベガスをはじめ、賭博を経済の柱とする。
カリフォルニア州	米墨戦争の結果、1848年にアメリカ領となる。1850年には31番目の州として連邦に加入。州名は伝説上の楽園に由来する。西部における経済と文化の中心で、全米でも屈指の文化的多様性に富んだ地域でもある。
アラスカ州	1867年にロシアから購入。1959年には49目の州として連邦に加入。全米で最大面積を誇る州で、総面積は日本の4倍以上。雪と氷に閉ざされた大地の下に石油や天然ガスなど、豊富な資源を宿している。
ハワイ州	太平洋の中央に位置するハワイ諸島を指す。1898年に併合され、1959年には50番目の州として連邦に加入。一年中穏やかな気候に恵まれ、先住民の気質も穏やかであることから、全米随一の観光地となっている。

Point

全米50州の成立経緯と特筆すべきポイント

アイオワ州	1803年のルイジアナ購入に伴い、アメリカ領となる。1846年には29番目の州として連邦に加入。州名は「美しい土地」もしくは「眠い人」を意味する先住民の言葉に由来。州土の9割以上が農耕利用されている。
ミネソタ州	1858年に32番目の州として連邦に加入。州名は「曇り空のような水」を意味する先住民の言葉にちなむ。氷河湖が多いことから、「一万の湖水の州」とも呼ばれる。燕麦やジャガイモをはじめ、全米でも屈指の農業州。
イリノイ州	1818年に21番目の州として連邦に加入。州名は先住民の部族名に由来する。川や湖に囲われた南北に長い州で、州都のスプリングフィールドより商工業都市シカゴのほうが人口も多く、知名度も高い。
ミズーリ州	1821年に24番目の州として連邦に加入。州名は「泥の川」を意味する先住民の言葉にちなむ。自由州になるか奴隷州になるかで大きくもめた地である。疑り深い住民が多いというので、「証拠を示せ州」との異名ももつ。
アーカンソー州	1803年にフランスから購入され、1836年には25番目州のとして連邦に加入。州名は「下流の人びと」を意味する先住民の言葉に由来する。バイブル・ベルトに位置し、宗教的にも政治的にも保守的な空気が強い。
ルイジアナ州	1803年にフランスから購入され、1812年には18番目の州として連邦に加入。州名はフランス国王ルイ一四世にちなむ。州都のバトン・ルージュよりも水系のかなめに位置するニューオーリンズのほうが栄えている。
テキサス州	メキシコの独立に伴い、スペイン領からメキシコ領へ。1836年にメキシコからの独立を唱え、1845年には28番目の州として連邦に加入した。アラスカに次ぐ大きな州で、総面積は日本の約1・8倍にも及ぶ。
オクラホマ州	1803年にフランスから購入され、1907年には46番目の州として連邦に加入。州名は「赤い人びと」を意味する先住民の言葉に由来。保守色が非常に濃く、1959年までアルコール飲料の販売が禁止されていた。
カンザス州	1803年にフランスから購入され、1861年には34番目の州として連邦に加盟。州名は「南の風」を意味する先住民の言葉にちなむ。アルコール飲料を忌む傾向が強く、現在でも日曜日と祭日の販売は禁止されている。
ネブラスカ州	1803に購入され、1867年には37番目の州として連邦に加入。州名は「平らな水」を意味する先住民の言葉に由来する。農耕牧畜が盛んなことから、「トウモロコシの皮をはぐ人」、「牛肉州」という別称もある。
サウスダコタ州	1803年に購入され、1889年には40番目の州として連邦に加入。州名は「友人」を意味する先住民の言葉に由来する。金鉱が豊富で、西部のラシュモア山には4人の大統領の顔をきざんだモニュメントがある。
ノースダコタ州	南西部は1803年に購入され、残りのカナダに接する北東部は1818年の条約でアメリカ領となる。1889年には39番目の州として連邦に加入。穀物栽培や牧畜が盛んで、冬の寒さが厳しいことでも知られる。
モンタナ州	1803年のルイジアナ購入で東部が、1846年のオレゴン条約で北西部がアメリカ領に組み込まれ、1889年には41番目の州として連邦に加入。州名は「山がちの」を意味するスペイン語に由来。地下資源が豊富。

［序章］トランプ大統領の誕生は必然だったのか

［第1章］アメリカ合衆国の誕生

[第2章] 西部開拓と先住民の悲劇

[第3章] 南北戦争と奴隷解放

[第4章] アメリカの世紀

［第5章］冷戦と公民権運動

［第6章］ テロとの戦い

序章

トランプ大統領の誕生は必然だったのか

USA

トランプを当選に導《みちび》いた「アメリカ第一主義」とは?

二〇一六年のアメリカ大統領選挙では、アメリカ史上最大ともいわれる番狂わせが生じた。楽勝と目《もく》されていた**民主党**の**ヒラリー・クリントン**候補が、数々の暴言で話題をふりまいた**共和党**の**ドナルド・トランプ**候補に敗《やぶ》れたのである。

内外のメディアは慌《あわ》てふためき、予測が大きく外《はず》れた要因として、まるで申し合わせでもしたかのように、「隠れトランプ支持者」の存在を声高《こわだか》に報じた。

一方で、集計に不正が働いたと考える者もいて、FBIとCIAでそれぞれ独自の捜査が行なわれ、両機関とも、**ロシア**による干渉があったとの結論に達した。

しかし、たとえ不正があったにせよ、両候補が大接戦であったことに変わりはない。数々の暴言が災いして、共和党の有力者たちやカトリックの頂点に立つ教皇、さらには全米の有力紙のほとんどに背を向けられながら、互角《ごかく》の勝負を展開することができた。そこには、ソーシャルメディアの力だけでは説明のつかない何かがあるはずである。たとえば、アメリカ社会に内在していた何かが覚醒して、アメリカに変化を促《うなが》しているといったことである。

▲オバマ前大統領の前で力強く就任演説するトランプ大統領

トランプが繰り返し強調した「**アメリカ第一主義**」が、この謎を解く鍵となる。

アメリカ第一主義とは、世界平和や国際協調よりもアメリカの国益、それも目先の利益を優先させるとの考え方らしく、同盟国との関係にしても、有料の用心棒《ようじんぼう》や喧嘩家《けんかや》ならやってもよいが、警察官の役目からは降りさせてもらうという開き直った姿勢が見てとれる。単なるエゴイズムに走る可能性もあるが、このような考え方は突然降ってわいたわけでもトランプの独創でもなく、アメリカの歴史に裏打ちされたものであった。その根幹に流れる精神を探《さぐ》るには、いったんイギリスの植民地時代にまでさかのぼる必要がある。

大義名分によってつくられた大国アメリカ

イギリスの植民地であった**北米十三州**が**独立戦争**に踏み切ったのは、従来免除されていた納税を法制化されたことにあった。

しかし、それだけでは独立を正当化する**大義名分**《たいぎめいぶん》としては弱いことから、勢いイギリス国王を暴君と位置づけ、暴君の支配から離脱することは人間の**自然権**であるとの理論が唱えられた。こうした成り行き上、自由の国アメリカという神話を説き続けなければならない事情が生じたのだった。

続いて、先住民の土地を征服する過程では、「**明白なる使命**《しめい》」という概念が大義名分として掲《かか》げられた。未開な土地に**文明の恩恵**をもたらすというその主張は、大航海時代に宣教師が好んで口にした言葉と瓜《うり》二つだった。

北米大陸に未征服の土地がなくなった頃、アメリカは**世界一の工業国**に躍進していたが、高い成長率を維持するには海外市場に進出する必要があった。当初はヨーロッパ列強に倣《なら》って**植民地化**する方式が採《と》られたが、フィリピンで現地住民の激しい抵抗にあったことを教訓に方針を改め、目をつけた土地に**親米政権**を打ち立て、経済的従属化に置くことにした。そのほうが出費も少なく、効率的で、なおかつ聞こえもよかったからである。

外交政策としては、ヨーロッパ内の戦争に関与しない方針が踏襲されてきたが、融資相手が返済不可能になる恐れがあるとなれば、干渉しないわけにはいかなかった。アメリカが**第一次世界大戦**に参戦したのは、自由のためでも世界平和のためでもなく、ひとえにイギリスを敗戦国にさせないことが目的だった。

第二次世界大戦への参戦理由はもう少し複合的で、イギリスの敗北回避に加え、今後の成長が大いに見込める東アジア市場を日本の独占下に置かせるわけにはいかないとの認識も働いていた。つまり、日本軍が中国大陸から完全撤退をすれば、アメリカも対日包囲網を築くこととなく、日米開戦も避けられた可能性があったのである。

USA

「世界の警察」放棄の裏に潜《ひそ》むものとは？

第二次世界大戦に動員されたアメリカ軍兵士たちは、その戦争が**自由世界**を防衛するためのもので、アメリカにはそれを遂行する義務があると叩き込まれていた。西部開拓時代の「**明白なる使命**」の焼き直しである。この論理は大戦終結後の冷戦時代にも踏襲された。共産主義の拡大は**世界の破滅**につながる。アメリカにはそれを防ぐ義務がある。**世界の警察**たりうるのはアメリカだけとの考え方が冷戦終結後も受け継がれ、湾岸戦争を経験したことにより、いっそう強化されたのだった。

使命感が強く掲げられた背景には、アメリカが**移民国家**であることも関係する。移民の出身地が特定の地域に限られていたなら、また違った成長を遂げたであろうが、移民の出身地はヨーロッパの多様な地からなっていた。常識や考え方の異なる人間たちを一つの国民としてまとめるには憲法と並んで、神話も必要とされた。時代に応じて少しずつ内容を変えてはいるが、先述した「明白なる使命」なる意識がそれであった。

アメリカには世界中に自由と民主主義を拡げる使命がある。抵抗を示す国や地域があっても、ひとたび経験すればそのよさに気づき、アメリカに畏敬《いけい》の念を表するようになる。このような神話が長く内外に効力を発揮し続けたのだった。

だが、**イラク戦争**のあたりから、アメリカに対する風向きが変わり始める。イスラム諸国だけではなく、**ロシア**や**中国**も反対の姿勢を示し、イギリス以外のヨーロッパ諸国も眉《まゆ》をひそめるようになった。アメリカの戦争が**平和**をもたらすどころか、逆効果にしかなっていないのではないかとの見方が強まったのである。

アメリカ国内の世論も変わり始めた。国際社会からの風当たりの悪化に加え、貧富の格差の拡大、ヨーロッパ系白人が遠からず少数派に転落するとの危機感などが合わさり、従来の権威に対する疑念が過去に例のないほど膨《ふく》らんだのである。

既成の政治家やメディアへの不信感。それまで抑えられていた諸々の矛盾が一挙に噴き出した結果が、ドナルド・トランプへの投票につながった。

相応の見返りがないのなら、アメリカが世界の警察を務《つと》める必要はない。アメリカは**即物的な利益**だけを追求すべきだ。こうしたサイレント・マジョリティーの意向が、アメリカに**世界のリーダー**としての役割を放棄させることにつながったものと考えられる。

かくして、**ドナルド・トランプ**が**アメリカ第四五代大統領**に就任することとなった。

アメリカ大統領選挙のシステムとは？

アメリカの**大統領選挙**は**四年ごと**に実施される。連続十カ月にも及ぶ長丁場は、日本人の目には、国を挙げての祝祭のようにも映る。だが、そのシステムは少しわかりづらいかもしれない。

端的に言うなら、アメリカ大統領選挙の前半戦は共和・民主両党がそれぞれの公認候補を選出する予備選挙および党員集会で、後半戦が大統領を決める本選挙である。前後半を通して共通するのは、どちらも**間接選挙**であること。有権者は前半戦がそれぞれの党員であるのに対し、後半戦は一八歳以上でかつ有権者登録を行なった市民権保有者となる。

選ぶ対象も大統領選挙候補者自身ではなく、投票権を持つ人であって、予備選挙のそれは**代議員**、本選挙では**選挙人**と呼ばれる。代議員と選挙人に立候補した者にはどの候補者を大統領に推《お》すか表明する義務が課せられ、有権者はそれを参考に、自分の考えを代弁してくれると思われる人物を選ぶのである。

州の代表を決める選挙は一回ですむものではない。投票区に始まり、郡、連邦下院選挙区、州と淘汰《とうた》を重ねる段階式になっている。だからこそ、五カ月もの歳月も有するわけで、かくして選ばれた代議員の投票により、共和・民主各党の候補者が選ばれるのだった。

七月に始まる本選挙では選挙人が選ばれるのだが、予備選挙が比例式であったに対し、本選挙では**総どり方式**が採《と》られている。例を挙げれば、選挙人十人が割りあてられる州で、共和党陣営が十万票、民主党陣営が八万票を集めた場合、勝者である前者が十人枠すべてを獲得できるのに対して、敗者である後者はゼロとなる。敗者の得た票は死に票となるのである。

このため、総得票数で劣っていても勝てることがあるわけで、ドナルド・トランプの勝利はまさしくその例であった。

ただし、選挙人には約束通りに投票する義務はないことから、選挙人による投票において、結果が覆《くつがえ》る可能性がないわけではない。いまだ前例がないとはいえ、今回の選挙において、公約に反した選挙人が少なからず存在した。

ところで、大統領選挙への出馬は二大政党に属していなくても可能であるが、本命争いに加わるにはドナルド・トランプと同じくらいの知名度と組織力および資金力が必要とされる。たとえ出馬しても、少数政党や無所属の者が当選する可能性はかなり低いといえる。

and I will never《決して》, ever《絶対に(否定の強調)》 let you down《〜をがっかりさせる》.

⑨ America will start winning《勝つ》 again, winning like《〜のように》 never《決して〜でない》 before《かつて》.

⑩ We will bring back《取り戻す》 our jobs《仕事》. We will bring back our borders《国境》. We will bring back our wealth《富》. And we will bring back our dreams《夢》.

[…]

⑪ We will follow《〜に従う》 two simple《簡単な》 rules《原則》: Buy《買う》 American《アメリカのもの》 and Hire《雇う》 American.

[…]

⑫ You will never be ignored《無視される》 again.

⑬ Your voice《声》, your hopes《希望》, and your dreams, will define《定義する》 our American destiny《運命》.

⑭ And your courage《勇気》 and goodness《善意》 and love《愛》 will forever《永遠に》 guide《案内する》 us along the way《道にそって》.

⑮ Together《ともに》, We Will Make America Strong《強い》 Again. We Will Make America Wealthy《豊かな》 Again. We Will Make America Proud《誇り高い》 Again. We Will Make America Safe《安全な》 Again. And, Yes《そうだ》, Together, We Will Make America Great《偉大な》 Again.

☞日本語訳は34ページにあります。

COLUMN PRESIDENTIAL ADDRESSES, SPEECHES

Inaugural《就任の》 Address《演説》 of Donald J. Trump《ドナルド・J・トランプ》 (extract)《抜粋》

① This《この日》 is your day. This is your celebration《祝賀》.

② And this, the United States of America《アメリカ合衆国》, is your country《国》.

③ What truly《本当に》 matters《重要なこと》 is not《～ではなく－である》 which《どの》 party《政党》 controls《支配する》 our government《政府》, but whether《～かどうか》 our government is controlled by the people《国民》.

④ January《1月》 20th 2017, will be remembered《記憶される》 as the day the people became the rulers《支配者》 of this nation《国》 again.

[…]

⑤ From this day forward《将来にむかって》, a new vision《展望》 will govern《統治する》 our land《国》.

⑥ **From this day forward, it's going to be only《ただ～だけ》 America First《一番・第一》. America First.**

⑦ Every decision《決定》 on《～に関する》 trade《貿易》, on taxes《税》, on immigration《移民》, on foreign affairs《外交問題》, will be made《なされる》 to benefit《～に利益を与える》 American workers《労働者》 and American families.

[…]

⑧ I will《～するだろう(意志未来)》 fight《戦う》 for you with every breath in my body《全身全霊をかけて》 –

|コラム| アメリカ大統領演説〈日本語訳〉……… 1

ドナルド・J・トランプ大統領の就任演説（抜粋）

①今日はみなさんの日である。今日はみなさんのお祝い（の日）である。
②そして、このアメリカ合衆国はみなさんの国である。
③本当に大切なのは、どの政党が政府を支配下に置くかということではなく、国民によって政府が支配されているかどうかということである。
④ 2017 年 1 月 20 日は、国民が再《ふたた》びこの国の統治者になった日として記憶されるだろう。
（中略）
⑤今日この日から、新しいビジョンによって、われわれの国は統治されるだろう。
⑥今日この日から、ただひたすらアメリカ第一になるのである。アメリカ第一である。
⑦貿易、税、移民、外交問題に関するあらゆる決定は、アメリカの労働者、アメリカの家庭に利益をもたらすために下《くだ》されるだろう。
⑧私は、全身全霊をかけてみなさんのために戦うだろう。そして、皆さんを決して絶対に失望させたりしないだろう。
⑨アメリカは再び勝利し始めるだろう。これまでにないほどにである。
⑩われわれは雇用を取り戻すだろう。われわれは国境を取り戻すだろう。われわれは富を取り戻すだろう。そして、われわれは夢を取り戻すだろう。
（中略）
⑪われわれは２つの単純なルールに従うだろう。つまり、アメリカ製品を買い、アメリカ人を雇用するということである。
（中略）
⑫みなさんはもう二度と無視されることはないだろう。
⑬みなさんの声、希望、そして夢がわれわれのアメリカの運命を形づくるだろう。
⑭そして、みなさんの勇気、善意、愛が永遠にみなさんを導いてくれるだろう。
⑮力を合わせて、われわれは再びアメリカを強くするだろう。われわれは再びアメリカを豊かにするだろう。われわれは再びアメリカを誇り高い国にするだろう。われわれは再びアメリカを安全な国にするだろう。そして、そうだ、力を合わせて、われわれは再びアメリカを偉大な国にするだろう。

第1章

アメリカ合衆国の誕生

アメリカに白人移民が進んだ理由とは？

新大陸が「アメリカ」と呼ばれた理由

教科書に掲載される北米大陸の歴史は独立戦争前夜に始まることが多い。アメリカ大陸全体の歴史にしても**クリストファー・コロンブス**の航海に始まり、中米のアステカを滅ぼした**ヘルナン・コルテス**や南米のインカを滅ぼした**フランシスコ・ピサロ**など、スペイン語で「**コンキスタドール**（征服者）」と称された人びとの話から、**スペイン**ないしは**ポルトガル**からの諸国の独立へと飛んでいることが多く、これだと北米と中南米が異なる道を歩んだ要因がさっぱりわからない。それならば、まずは白人移民の始まりあたりから事情を追っておくのがよいだろう。

大航海時代の先陣役を務めたのはスペインとポルトガルだった。遠洋航海で帆船《はんせん》が主役となれば、海流や季節風の影響から逃れられず、イベリア半島を発した船はまず西インド諸島に到達するのを常とした。

そこから中米大陸は指呼《しこ》の間で、海流に従って行けば南米大陸に到達する。中南米の有力者たちが金製品を身につけているのを見たスペイン人とポルトガル人は、彼らが「**インド**」と信じたその地のどこかに伝説の黄金郷があるものと期待して、征服と入植に着手したのだった。

その地がインドでもアジアのどこかでもないことに最初に気づいたのは、イタリア・フィレンツェ出身の**アメリゴ・ベスプッチ**で、彼は数通の書簡の中で「新大陸」という言葉を用いた。これらの書簡が公《おおやけ》にされると、たちまちヨーロッパ各国語に翻訳され、多くの読者を獲得した。その中の一人であったドイツの地理学者マルティン・ワルトゼーミュラーがベスプッチの説を全面的に支持して、一五〇七年にはベスプッチに敬意を表するため、かの「新大陸」をアメリカと命名したのだった。

スペインとポルトガルに分割されたアメリカ

ヨーロッパ人にとっては新大陸に違いなかったが、中米も南米も主《あるじ》のいない土地ではなく、それぞれに先住民が居住していた。ただし、鉄と馬を持たず、結束することを知らない先住民は、スペイン人やポルトガル人からしてみれば恐れるに足りない存在だった。

実際のところ、警戒すべきはスペイン人とポルトガル人との間の武力衝突だったが、教皇アレクサンドル六世を介した調停を経て、一四九五年六月七日に締結された**トルデシリャス条約**により、西経四六度三七分を通過する子午線をもって境界線とすることが両国間で決せられた。この線より西側で発見された土地はすべてスペイン領、東側で発見された土地はすべてポルトガル領というわけである。

右の条約によれば、南米大陸では現在のブラジルのみがポルトガル領で、ブラジルを除く南米大陸と中米および北米大陸のすべてはスペインの縄張りとなる。スペインは現在のメキシコに足場を固めながら、一五六五年にはフロリダ半島の大西洋岸にサンアグスティン（現在のセントオーガスティン）、一六〇九年にはニューメキシコにサンタフェを築き、植民活動の拠点とした。サンアグスティンは北米大陸における最初のヨーロッパ人入植地で、いかにもカトリック国のスペインらしく、その名称は町ができた日の聖人の名に由来する。

一方、フロリダの名はスペイン語で「花がいっぱい」、サンタフェは「聖なる信仰」を意味する言葉に由来している。

後発の英仏の進出が盛んになると、スペインはそれに備えるため北米大陸南部一帯に拠

◎トリデシリャス条約によるスペイン領とポルトガル領の境界線

点の構築を始め、一七一〇年にはテキサスにサンアントニオ、一七七六年にはカリフォルニアにサンフランシスコ、一七八一年にはロサンゼルスを建設した。サンアントニオの名は入植を指導した司教の名前、サンフランシスコは入植に関与した修道会の名称、ロサンゼルスは近くを流れる川の略称「ロス・アンヘレス（アンヘルはスペイン語で「天使」の意）に由来している。

ヨーロッパ列強が次々入植を開始する

スペインに少し遅れて、フランスやオランダ、スウェーデン、イギリスなども北米大陸への入植を開始した。ここでいうイギリスは、厳密を期するならイングランドとするのが正しい。

ヨーロッパ列強による北米大陸への入植は主に経済的な理由を基本としたが、イギリスに限っていえば、それと並んで宗教的な理由も大きな比重を占めていた。

ヨーロッパのあちこちで宗教改革が生じる中、イギリスでもテューダー朝のヘンリー八世のもとでカトリックとの決別が図られた。しかし、決別の動機が国王の離婚問題にあったことから、それ以外の面ではなかなか方向性が定まらず、カトリックの復活を望む保守派だけでなく、徹底したプロテスタント化を望む急進派も不満を募《つの》らせ、後者に属する人びとは**ピューリタン**（清教徒）と呼ばれた。

ピューリタンの中でも最右翼に属する人びとは分離派と呼ばれ、彼らの中から、イギリス国教会に見切りをつけ、新天地に理想郷をつくろうと行動に移す者が続出するのである。

一六二〇年、現在のニューイングランドを目指した**メイフラワー号**には、のちに「**ピルグリムファーザーズ**（巡礼の始祖たち）」と称される人びとが乗船していた。

メイフラワー号に乗ってニューイングランドのプリマスへの上陸を果たしたのは一〇二人。そのうち、四一人が分離派で、残る六一人は困窮からの脱出目的の国教会信者だった。乗船者の内訳は移民船ごとに異なるが、メイフラワー号の例は一応の目安と見てよいだろ

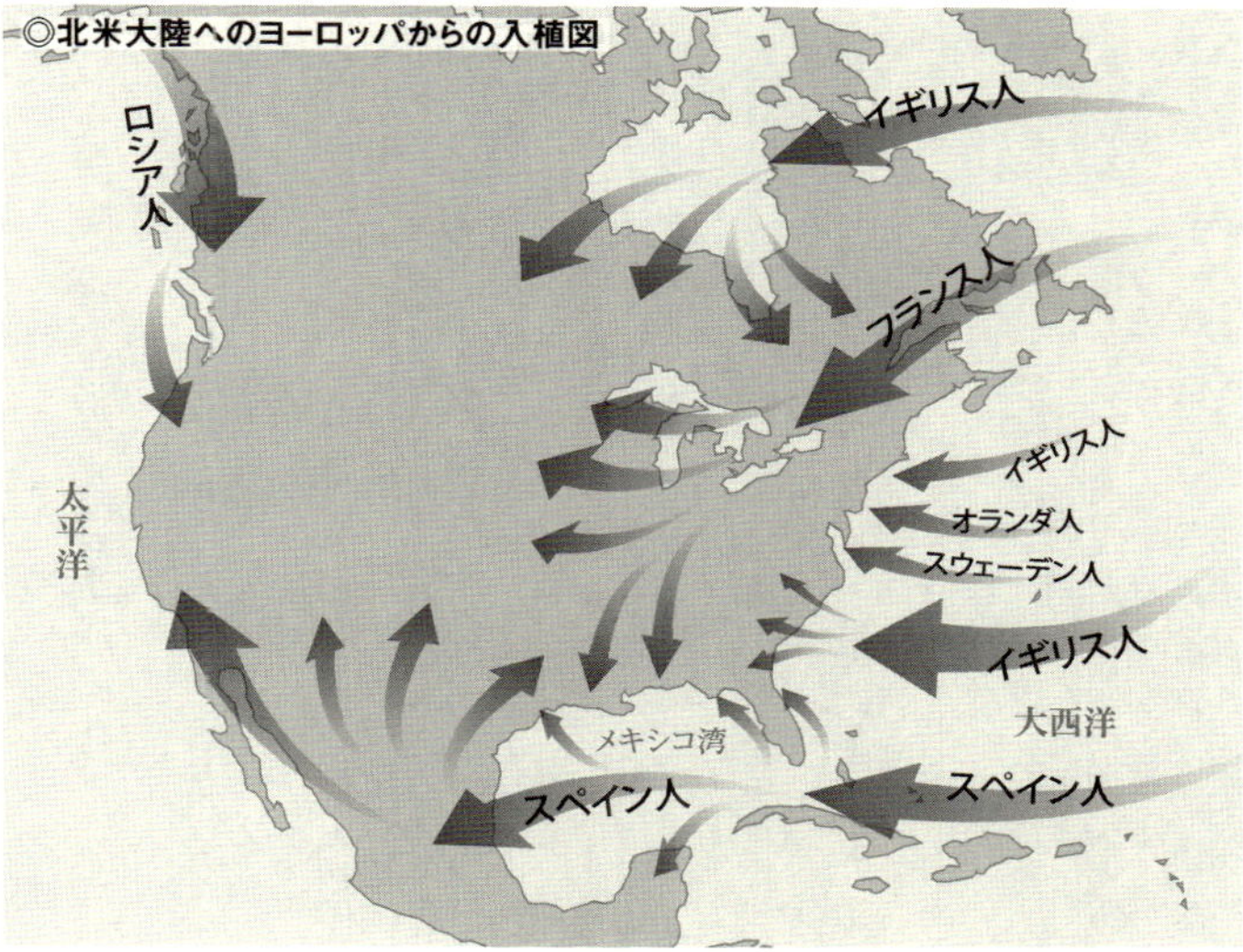

◎北米大陸へのヨーロッパからの入植図

う。

当時のイギリスでは土地の囲い込みの進展により大量の失業者が発生。受け皿となるべき産業は未発達で、治安や公衆衛生上の不安が高まっていた。雇用の創出に時間がかかるとなれば、余剰人口を海外へ送り出すしかない。

そのため、北米大陸への入植が奨励されたのだった。宗教的な不満を抱える人びとにとっては渡りに船の状況であったかもしれない。

北米をめぐるヨーロッパ列強の戦い

拡大するイギリスとフランスの勢力範囲

北米大陸を目指すヨーロッパ列強。**フランス**は北東のラブラドル高原とニューファンドランド島の間のベルアイル海峡を抜けてセントローレンス湾に入り、そこからセントローレンス川をさかのぼるなど、水系を利用しながら内陸部へと進んだ。彼らの痕跡《こんせき》はフランス語で「緑の山」を意味するヴァモント、「王様の山」を意味するモントリオール、「海峡」を意味するデトロイトなど、セントローレンス川流域に現在でも数多く確認できる。

フランスが利用した航路は、一〇世紀末に北欧のヴァイキングが利用したものと同じだった。それに対してオランダ、スウェーデン、イギリスなどはそれより少し南寄りの航路を使い、東海岸に上陸した。

スウェーデンはデラウェア川の河口に拠点を築き、先住民との毛皮交易に乗り出したが、本国からの移住者が思いのほか増えなかったことから、早々に競争から脱落した。

オランダはスペインとの八十年戦争の最中にあり、北米への進出はスペインへの対抗心に基づくところが大だった。一六〇九年以来、ハドソン川流域の探検を本格化させ、一六一四年には最初の入植地を建設。一六二四年には先住民のマナハッタ部族から六〇ギルダー（約二四ドル）相当の品物と交換にハドソン川中にある島を手に入れ、そこをニューネーデルランド植民地の主都としてニューアムステルダムと命名した。

この島こそ現在のマンハッタン島で、オランダ人は家畜が町中に迷い込むのを、あるいは先住民やイギリス人の侵入を防ぐため、丸木の柵《さく》を設置した。これがのちにアメリカ金融市場の中心となる**ウォール街**の始まりである。

ニューアムステルダムが**イギリス**に占領されたのは一六六四年のこと。時のイギリス国王の弟ヨーク公（のちのジェイムズ二世）にちなんで、当地は**ニューヨーク**と改名された。最大の拠点を失ったことで、オランダの脱落も決定的となり、イギリスとフランスの勢力範囲が直接境《さかい》を接する状況が生じた。セントローレンス川と五大湖からオハイオ川流域を経て、ミシシッピ川につながる毛皮交易路を確保しようとするフランスに対し、イギリスは東海岸からオハイオ川流域へ勢力を拡大させようとしていたのである。

アメリカに持ち込まれた英仏の百年戦争

イギリスとフランスは中世に**百年戦争**を経験した。イギリスで名誉革命が起きた直後から、両国は世界中を舞台に断続的な戦闘を重ねており、中世のそれと区別するため、これを**第二次百年戦争**という。

ウィリアム王戦争（一六八九〜九七年）に始まり、アン女王戦争（一七〇二〜一三年）とジョージ王戦争（一七四四〜四八年）を経て、最後にして最大規模の衝突となったのが一七五五年に始まる**フレンチ・インディアン戦争**である。この名称は、フランス側が北米先住民諸部族と手を結んでいたことによる。

初戦でこそ待ち伏せ攻撃をくらい、大敗を喫したものの、イギリスはすぐに態勢を建て直し、一七五九年にはケベック、翌年にはモントリオール、デトロイトなどフランス側の拠点を次々と制圧。フランスに降伏を余儀なくさせた。

一七六三年に結ばれた**パリ条約**において、フランスはカナダとミシシッピ川以東のルイジアナおよび西インド諸島の多くをイギリスに譲り渡すことを約した。これより先、友軍として参戦した代償に、ニューオーリンズとミシシッピ川以西のルイジアナをスペインに譲渡すると約してもいたことから、フレンチ・インディアン戦争の結果、フランスは北米大陸から完全に締め出されることになった。国王ルイ十四世に因《ちな》むルイジアナという地名は存続を許されたが。

イギリスがフランスに勝利した要因

当時のイギリス本土の人口はフランス本土のそれの半分にも届かなかった。それにも関わらず、イギリスは北米大陸と南アジアでフランスに勝利した。勝因はどこにあったのか。

イギリスは世界のどこよりも早く近代的な**財政国家**に変貌《へんぼう》を遂《と》げていた。中世以来の関税と臨時税のみに頼る体制から直接税、消費税、国債を柱とする体制に改められたことで、国力全体が著しく強化されていたのである。

議会主導の政治運営もイギリスの強みを引き立たせるのに役立った。君主独裁に比べて意思決定に時間がかかるようにも思えるが、実のところ、トップダウンが有効に機能するのはトップが非常に優秀で、頭脳も四六時中冴《さ》えわたり、誰からも畏敬《いけい》の念を抱《いだ》かれる状況に限られる。

別の言い方をすれば、これらの条件に一つでも欠けるところがあれば、トップダウンは致命的な方式と言わざるをえず、現代のそれには及ばないまでも、民意を背景とする議会政治の優位は明らかだった。政策の決定は国民的合意のもとになされ、その実施も国民的合意のもとに進められる。きちんと意味を理解したうえで実行するのと上意下達《じょういかたつ》に従うのとでは、進行や成果にもおのずと違いが生じる。不測の事態が生じた場合などはなおさらだった。

人や資金、戦略物資を迅速かつ効率的に動かすことのできる体制。それをどこにも先駆けて作り上げたイギリスであるからこそ、人口で劣る点を埋めただけでなく、総合力でフランスを上まわる強国となりえたのである。

反英感情から生まれたアメリカン飲料

イギリスに狙い撃ちされた北米植民地

フレンチ・インディアン戦争の結果、イギリスは**第二次百年戦争**での勝利をほぼ確実にした。しかし、その代償はとてつもなく大きかった。

近代的な財政国家に変貌を遂げたとはいえ、イギリスは打《う》ち出《で》の小槌《こづち》を手に入れたわけではなく、やはり限界があった。それまでの累積赤字に**七年戦争**での戦費が重なり、一七六三年末には負債総額が一億三四〇〇万ポンドにも達していた。八〇〇〇万ポンドの歳入のうち五〇〇〇万ポンドを利子の支払いに当てねばならないなど、イギリス財政はまさに火の車だったのである。

国庫の破綻《はたん》を回避するには税制改革を図《はか》る必要があった。増税や臨時税、新規課税などが難しい状況にあれば、免税特権の享受者《きょうじゅしゃ》を狙い撃ちするしかない。このとき本国政府が目をつけたのが、北米植民地だった。

世界中に多くの植民地を有する中、イギリス政府がもっとも将来性を見込んでいたのが北米だった。資源に恵まれ、農牧業に適した広大な土地が広がりながら、先住民の武力は怖れるに足りない。大西洋上の三角貿易によって経済発展も順調に進み、将来的にはイギリス本国にとって最大の海外市場となりうる。一方では、植民地の運営経費について植民地人に一切の負担を求めず、他方では、現地の貿易にできるだけ干渉しない「**有効なる怠《たい》慢《まん》**」を原則としていたのだが、本国の財政が火の車とあっては致《いた》し方《かた》ない。政策の転換もやむなしというのが本国政府の判断だった。

イギリスが繰り出す諸法の締めつけに大反発

イギリス本国政府はとりあえず、年間二五万四〇〇〇ポンドに及ぶ駐留関係経費の一部を植民地人に負担させることにした。一七六四年に制定された**アメリカ歳入法**がそれで、課税対象が輸入する砂糖であったことから**砂糖法**とも呼ばれる。

砂糖法で見込める関税収入は年間で四万から五万ポンド程度。植民地人の間からは早くも反発の声があがっていたが、本国政府はそれにとり合うことなく、翌年には**軍隊宿営法**と**印紙法**を制定した。前者は植民地人に対して駐留軍への宿舎・食料、その他の必需品の提供を義務づけるもので、後者は新聞・暦《こよみ》・小冊子などの出版物から、証書その他の法律文書、船舶関係の書類、果てはトランプにまで印紙を貼るよう義務づけたもの。印紙法では年間六万ポンドの収益が見込まれた。

これに対する植民地人の反発は本国政府の予想をはるかに越えていた。消費文化が引き返しのできないほど浸透したところへ戦争景気が立ち消え、生活苦に見舞われていたことなどを背景に、「**代表権なきところに課税はない**」との論理に同調する者が急増した。植民地人には本国議会に代表を送る権利がないのだから、課税される謂《い》われも税金を支払う義務もないというのである。

ボストンなどの港湾都市に「自由の息子たち」などと称する抵抗組織も生まれ、世情騒然たる一七六六年、本国政府は印紙法の廃止を決定した。だが、一方的に譲歩したわけではなく、植民地を拘束するあらゆる立法権は本国議会にあるとする宣言法も同じとき、同じ場で制定されていた。

一七六七年の五月から秋にかけて、本国政府は**歳入法**、**関税徴収法**、**停止法**など、北米植民地に関する複数の議会法を制定した。これらは時の大蔵大臣の名から、**タウンゼント諸法**と総称される。

一番目の歳入法は、北米植民地が輸入する茶・ガラス・鉛《なまり》・ペンキ・紙などに関税を課し、その収入を本国が任命した植民地官吏の給与に当てるというもの。二番目の関税徴収法は歳入法施行《しこう》の全権を新設のアメリカ税関委員局に与えるというもので、三番目の停止法は軍隊宿営法の履行《りこう》を拒否するニューヨーク植民地議会の活動を停止させるというもの。総じていえば、植民地議会からの権限剥奪《はくだつ》、関税徴収の徹底化、密貿易取り締まりの強化などを意図する内容だった。

タウンゼント諸法では、税官吏《かんり》に一般捜査令状を交付するという、本国では違法なことが合法化されてもいた。従来の「有効なる怠慢」とは対極とも呼べる締めつけ政策を受けて、北米植民地では軍隊宿営法と印紙法の発布時をも上まわる反対の声が沸《わ》き起こった。一七七〇年、イギリス製品不買運動が北米植民地全体に拡大するに及んで、本国政府は茶税を残し、タウンゼント諸法の撤廃を余儀なくされた。

ボストン茶会事件の真相

消費文化については先述したが、当時の北米植民地において、それの代表格と呼べるのが喫茶《きっさ》の習慣だった。貧富に関係なく、誰もが日常の飲料として一日に何杯もの紅茶を口にする。生活に不可欠となっていたからこそ、どんなに生活が苦しくなっても消費が衰えることはなかった。本国政府もそれを承知のうえで、茶税だけは存続させたのだった。

しかし、植民地人からしてみれば、紅茶でなくては絶対ダメというわけではなく、何かきっかけさえあれば、常用飲料を他のものに変える余地は残していた。

北米植民地の場合、そのきっかけとなったのは一七七三年に制定された**茶税法**だった。北米植民地に茶を売る独占権を東インド会社に付与するというもので、経営難に陥っていた同社の救済を意図していた。

これであれば、オランダからの密輸品より末端価格が安くなる。一見したところ、植民地人にとっても悪い話ではなさそうだが、密貿易に携《たずさ》わっていた植民地人商人には致命的なことであった。その他の植民地人にしても、イギリス本国政府がこれに味をしめ、他の商品にも同様の法を導入したなら、植民地産業のすべてが崩壊するに違いなかった。そのため、茶税法に対する抵抗運動が拡大して、ついには先住民に扮した先鋭分子がボストン港に停泊する商船に乗り込み、陸揚げを待つ茶箱三百四十二個を海に投げ捨てるという挙に及んだのだった。**ボストン茶会事件**と呼ばれるこの出来事を境《さかい》として本国政府と植民地人間の緊張は一気に高まり、ついには本格的な武力衝突に発展するのだが、それと同時に

▲東インド会社の商船に乗り込み、次々に茶箱を海に投げ込む反英急進派

植民地人の間にはイギリス本国による統治を象徴するものであるとして、急速に紅茶離れが起こることになった。

植民地人が日常飲料として紅茶の代わりしたのはコーヒーだった。北米植民地では良質な焙煎《ばいせん》器具が入手困難であったことから、焙煎の浅いコーヒーが普通となり、色合いを紅茶に似せようとの考えもはたらいて、日本でいうアメリカン・コーヒーが定着したのだった。

アメリカ人の日常飲料といえば、現在ではコーラが知られるが、コーラの製造・販売が開始されるのはアメリカの独立から約百年後、一八八八年のことだった。

独立時の十三州はどことどこか？

アメリカ独立戦争が始まる

いわゆる**アメリカ独立戦争**が開始されたのは一七七五年四月のこと。翌年七月には十三植民地の代表からなる大陸会議において独立宣言書が採択された。

イギリス本国から派遣された駐留軍が正規の訓練を受けて装備も万全、実戦経験も豊富なのに対し、植民地軍（大陸軍）は訓練も装備も十分ではない民兵と素人《しろうと》の寄せ集めにすぎず、力の差は歴然としていた。そのため、一七七八年の春先くらいまでは、ニューヨークやフィラデルフィアを占領されるなど、イギリス軍の優勢を覆《くつがえ》すことができなかった。

戦局が転換し始めたのは一七七八年の夏頃から。一番の要因は諸外国からの援助にあった。

敵の敵は味方になりうるとの考えから、植民地側では早くから**フランス**をはじめとするヨーロッパ諸国に働きかけを行なっていた。その甲斐《かい》あって、フランスと**スペイン**から経済支援の約束が得られ、軍需物資の調達に目途《めど》が立った。

当時のヨーロッパには失業中の職業兵士が溢《あふ》れており、その多くが勇《いさ》んで大西洋を渡った。イギリスへの対抗心や強国の横暴に対する憤《いきどお》りなどから義勇兵として大陸軍にはせ参《さん》じる者もいて、名のある人物では、のちにフランス革命で名をなすマリ・ジョゼフ・ラファイエット侯爵《こうしゃく》やポーランド軍大尉《たいい》タデウシュ・コシュチューシュコ、プロイセン陸軍大尉フレデリック・フォン・シュトイベン男爵《だんしゃく》などが挙げられる。ベテラン工兵士官であったコシュチューシュコは大陸軍に陣地構築の仕方を教え、教練や作戦立案に長《た》けたシュトイベンは大陸軍の教育総監を務めるなど、各人がそれぞれの得意を活かして大陸軍の強化に貢献したのだった。

大陸軍が国軍の体《てい》をなし始めたのと頃合いを同じくして、フランスが本格介入に踏み切った。度重《たびかさ》なる屈辱に一矢《いっし》を報《むく》いようと、イギリスに対して宣戦布告を行なったのである。スペインと**オランダ**がこれに続き、ロシアが武装中立を宣言したこともあって、イギリスの外交的孤立が鮮明化した。

一七八一年十月十九日、ヨークタウンのイギリス軍が降伏したことで、戦争は事実上終わりを告げた。二年後の九月三日、**パリ講和条約**の調印により、**アメリカ合衆国の独立**が

◎独立時のアメリカ十三州

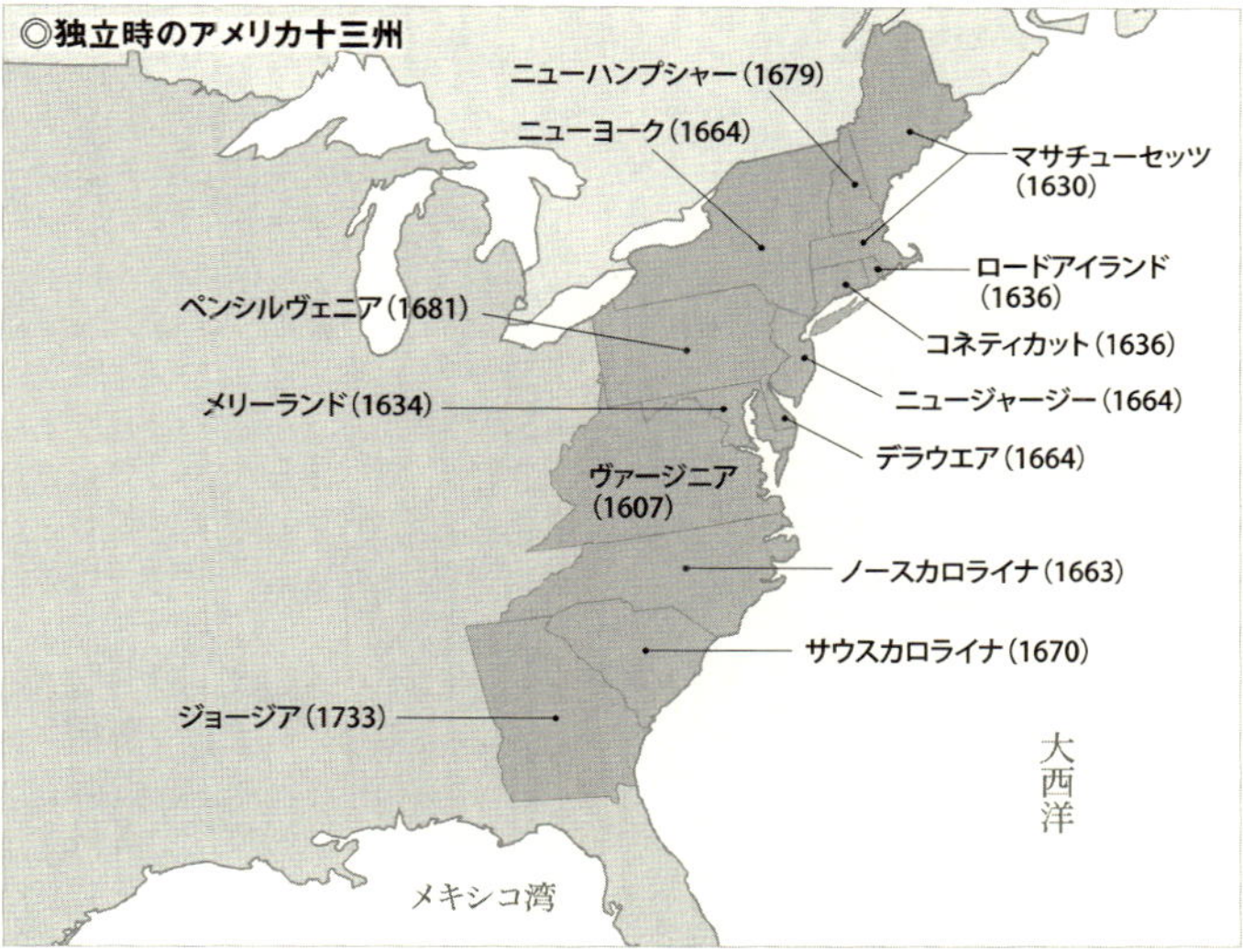

正式に承認されたのだった。

十三州が名を連ねる

アメリカ合衆国の独立達成時、そこに名を連ねていたのは北から、ニューハンプシャー、ニューヨーク、マサチューセッツ、ロードアイランド、コネティカット、ニュージャージー、ペンシルヴェニア、デラウェア、メリーランド、ヴァージニア、ノースカロライナ、サウスカロライナ、ジョージアの計十三のステイト（邦）だった。憲法の制定後は、「邦」ではなく「州」と訳すべき存在となるのだが、いずれも東海岸に面するか、それに隣接するところで、アメリカはいまだ大陸国家と呼びうる存在ではなかった。

建国時のアメリカの国土が東部大西洋岸にへばりつく状態にとどまっていたのはなぜか。それはイギリス本国から待ったがかけられていたからだった。

フレンチ・インディアン戦争は一七六三年二月のパリ条約締結をもって終わりとなるが、同年五月、先住民の**オタワ族**の武装蜂起が起こり、イギリスはその鎮圧に半年の歳月をかけねばならなかった。

装備の格差が大きいことから、イギリス軍が敗北を喫することはなかったが、守るべき領域が広くなれば、軍を分散させるしかなく、不覚をとる危険性が高まる。安全を第一とするならば、領域は駐留軍の規模に応じた範囲にとどめ、先住民との武力衝突もできるだけ避ける必要があった。そこでオタワ族との戦争が山場を越えた同年十月、本国政府は国王**ジョージ三世**の名のもと、アパラチア山脈の以西の土地について、植民地人の土地所有を当面禁じる宣言を発したのだった。

植民地人の多くは不満を抱きながら、当時はまだ独立など念頭になかったことから、正面切って反抗する者もなかったのである。

大義の名を借りて先住民から土地を奪取する

イギリスの国王と本国に対する忠誠心が消え去り、完全独立をも達成してからは、西部進出が再開されるのは自然の勢いだった。

ヨーロッパ人による入植が開始されてから約二〇〇年が経《た》つ間、先行したオランダ人、スウェーデン人らはイングランドからの入植者に吸収され、新たにドイツ諸邦やスコットランド、北アイルランドのアルスターから渡って来る者も増加を続けた。アルスター出身者はイギリス国教会でもカトリックでもなく、改革派の流れを汲《く》む長老派に属し、スコットランドから北アイルランドへ移住した経歴を有することから、スコッチ・アイリッシュと呼ばれていた。

先述したように、**ピルグリム・ファーザーズ**の約半数は**ピューリタン**の中でも分離派に分類される人びとだったが、その後の歴史の中で分離派にはさらに分裂が生じた。時に一七世紀のイングランドは国王の代替わりごとに宗教政策が大きく変わり、迫害から逃《のが》れるために集団でアメリカへ移住する人びとが少なくなかった。三十年戦争の惨禍《さんか》に見舞われたドイツでも事情は同じである。

どのような集団からなっていたかといえば、イングランド出身者の社会では、**会衆派**、

バプテスト派、**クェーカー派**などが挙げられる。

会衆派は個々の地方教会の独立と自治を基本とする組織形態をとり、バプテスト派は幼児洗礼を否定し、信仰者のバプテスマ（浸礼《しんれい》による洗礼）を重視することから、浸礼派とも呼ばれる。浸礼とは、全身を水に浸《ひた》す儀礼のことで、頭部に水を数滴注《すうてきそそ》ぐ滴礼《てきれい》とは区別される。

クェーカー派は制度や礼拝形式、教理などに力点を置かず、集会における神秘体験を特徴とする集団で、「クェーカー」の称は「震《ふる》える人びと」を意味する語に由来し、フレンド派、キリスト友会とも呼ばれる。

イングランド以外では、ドイツ出身者にはルター派、オランダとスイス出身者には会衆派と同じく幼児洗礼を否定するメノナイト派が多かった。

もう少し時代が推移すると、アイルランド出身のカトリックやドイツ・東欧出身のユダヤ人、ロシアやバルカン出身の東方正教会信者なども現われるのだが、独立達成時のアメリカ白人社会はほぼ**プロテスタント**一色だった。のちのアメリカでは会衆派やバプテスト派といったまとまりをデノミネーション（教派）という語で表わすが、結果としてそれは宗派の下の単位を意味するものとなった。

教派の中には、クェーカー派のように、徹底した平和主義と平等主義を信条とする立場から、先住民との友好共存を目指した人びともいたが、大勢を押しとどめることはできず、独立後のアメリカは詐術《さじゅつ》や暴力を駆使して、西部進出に邁進《まいしん》することとなった。

先住民からの土地奪取は、『旧約聖書』中にある「出《しゅつ》エジプト」の内容を借りるかたちで、宗教的に正当化された。

エジプトで奴隷《どれい》生活を強《し》いられていたユダヤ人は指導者モーセのもと脱出に成功し、神に約束された「乳《ちち》と蜜《みつ》の流れる地」、現在のイスラエルおよびパレスチナ自治区に相当する地域に向かったのだが、プロテスタントの入植者の中には、イギリスないしはヨーロッパをエジプト、ワシントンをモーセ、独立戦争をエジプトからの脱出行、アメリカを「乳と蜜の流れる地」に見立て、自分たちを「新しいイスラエル」と称する者が少なくなかった。

新世界を創成するために選ばれた民である自分たちは、断固として使命を果たさなければならない。そのためには先住民に憐《あわ》れみをかける必要などないというのが、彼らの考えだった。

米ドル紙幣に描かれる偉人は誰と誰か？

ワシントンなくしてアメリカの独立なし

現在のアメリカ合衆国で流通している米ドル紙幣《しへい》は**一ドル札《さつ》**、**二ドル札**、**五ドル札**、**十ドル札**、**二十ドル札**、**五十ドル札**、**百ドル札**の七種類。肖像に描かれているのは、**ジョージ・ワシントン**、**トーマス・ジェファーソン**、**エイブラハム・リンカーン**、**アレクサンダー・ハミルトン**、**アンドリュー・ジャクソン**、**ユリシーズ・グラント**、**ベンジャミン・フランクリン**の各人で、一八一二年に始まる対英戦争（第二次英米戦争）を通じて国民的英雄となり、第七代大統領を務めたジャクソンと、南北戦争時の大統領で奴隷解放宣言を行なったリンカーン、および南北戦争中に北軍最高司令官を務めたグラントの三人を除いて、あとはみな独立戦争とアメリカの建国に大きな功績のあった人びとである。

独立戦争中は大陸軍最高司令官、独立達成後には連邦憲法制定会議議長を務《つと》めたのち、初代大統領への当選を果たしたワシントンは、優《すぐ》れた政見や政略の才をもっていたわけで

◎現在のアメリカで流通している米ドル紙幣

1ドル紙幣

▲初代大統領
ジョージ・ワシントン

2ドル紙幣

▲第3代大統領
トーマス・ジェファーソンン

5ドル紙幣

▲第16代大統領
エイブラハム・リンカーン

10ドル紙幣

▲合衆国憲法制定に尽力した
アレクサンダー・ハミルトン

20ドル紙幣

▲第7代大統領
アンドリュー・ジャクソン

50ドル紙幣

▲第18代大統領
ユリシーズ・グラント

100ドル紙幣

▲政治家だけでなく科学者の顔もあったベンジャミン・フランクリン

① **The Declaration**《宣言》 **of Independence**《独立》 ② (extract)《抜粋》

[…]

③ we hold《〜と考える》 these《これらの》 Truths《真理》 to be self-evident,《自明の》

④ that《それはつまり〜》 all Men are created《つくられる》 equal,《平等に》 that they are endowed《授けられる》 by their Creator《創造主》 with certain《ある一定の》 unalienable《譲渡不可能な》 Rights,《権利》 that among these are Life,《生命》 Liberty《自由》 and the Pursuit《追求》 of Happiness《幸福》—

⑤ that to secure《獲得する》 these Rights, Governments《政府》 are instituted《組織される》 among Men, deriving《由来する》 their just《正当な》 Powers from the Consent《同意》 of the Governed,《統治される者》

⑥ that whenever《〜が一するときはいつでも》 any Form《形態》 of Government becomes destructive《破壊的な》 of these Ends,《目的》 it is the Right of the People to alter《変える》 or to abolish《廃止する》 it, and to institute new Government, laying《置く》 its Foundation《基礎》 on such Principles,《方法》 and organizing《組織する》 its Powers in such Form, as to《〜に関して》 them shall seem《〜と思われる》 most《最も》 likely《ふさわしい》 to effect《〜をもたらす》 their Safety《安全》 and Happiness.

はなく、機略に富む戦略家でもなかったが、何度も大敗を喫《きっ》しながら、不屈の精神で軍の統一を維持し続けた。彼が職務を全《まっと》うしていなければ、反撃態勢が整うよりさきに降伏を余儀なくされていたはずで、ワシントンなくしてはアメリカの独立はならなかったと断言してよいかもしれない。

独立宣言の起草者として知られるジェファーソン

二ドル札の表に描かれているのは第三代大統領を務めた**トーマス・ジェファーソン**だが、彼は大統領としての功績よりむしろ、独立宣言の起草者として知られている。

上の文章に集約される独立宣言の起草委

《日本語訳》

①**独立宣言**　②（抜粋）

（中略）

③われわれは、以下のことを自明の真理として信じる。

④すべての人間は平等につくられ、創造主によって、生命、自由および幸福の追求を含む一定の譲《ゆず》ることができない権利を与えられている。

⑤これらの権利を確保するために、人びとの間に政府が組織されるが、その正当な権力は被治者《ひちしゃ》の同意に由来するものである。

⑥そして、どのような形態の政府であっても、これらの目的を害するようになったときは、これを改め、または廃し、新たな政府を組織し、人民の安全と幸福をもたらすために最も適当と思われる方法でその政府の基礎を据《す》え、その権力を組織することは人民の権利である、と。

員会は五名で構成されたが、草案づくりの大役は最年少の委員であるジェファーソンに託された。その理由は、彼がヴァージニアの出身で、すでに文筆家として名を知られていたこと、および邦憲法の制定に尽力したことなどに拠《よ》っていた。

そこに至る経緯を補足すれば、イギリス本国との緊張が高まる中、植民地人の指導層の間では、本国政府の主権を制限するため、独自の成文憲法をとの機運が高まっていた。十三植民地の中で最初に動いたのは**ヴァージニア**で、一七七六年六月に独自の邦憲法が制定された。他の植民地もこれにならい、独立宣言を間にはさんで、一七八〇年末までに十三の植民地すべてが邦憲法を有することになるのだが、先陣を務めたヴァージニアは十三の植民地の中でも最大の人口を擁する邦でもあったことから、格別の敬意を払われると同時に大きな期待もされていた。

このよう背景から、思わぬ大役がジェファーソンに託され、彼の名も独立宣言の起草者として残り、ドル紙幣の肖像として採用されることになったのである。

ハミルトンもフランクリンもアメリカ建国の顔

十ドル札に描かれている**アレクサンダー・ハミルトン**は、独立戦争中はワシントンの副官を務め、戦後は弁護士をしながら、合衆国憲法の制定に尽力した人物である。世論の大勢が強力な中央政府の確立に反対する中、それを賛成へと転じさせたのは、多分に彼の功績であって、州政府優先の体制をとっていたなら、遠からずいくつもの主権国家に分裂していたかもしれない。それであれば、世界をリードする超大国に成長することもなかっただろう。

百ドル札に描かれている**ベンジャミン・フランクリン**は多彩な人で、優れた政治家である以前に、凄腕《すごうで》の経営者、熱心な社会活動家、才能に溢れる文筆家であり、また輝かしい実績を有する科学者でもあった。凧《たこ》を使って、稲妻と電気との同一性を実験したエピソードに聞き覚えのある人は多いのではなかろうか。

科学者としての名声がヨーロッパ全域に及んだことから、フランクリンは外交特使としても適任だった。交渉術も巧みで、フランスとの同盟成立も彼の手腕に負うところが大きく、イギリスとの和平交渉がうまく進展したのも右に同じだった。戦場で華々しく活躍した経験こそないものの、フランクリンが建国の功労者として一、二を争う存在であったのは間違いなかった。

大陸軍の総司令官、合衆国憲法の起草者、国家連合を国民国家に転換させた立役者、外交のエース。ドル紙幣の肖像として採用された人びとは、いずれ納得のいく顔ぶれである。

合衆国憲法にはどんな特徴があるか

独立宣言に「生命・自由・幸福の追求」を謳う

アメリカ合衆国という単一国家の成立は、独立宣言の発布時点から約束されていたわけではなかった。十三の植民地が同盟を結んだのは、イギリス製品のボイコット運動などをより有効にするための方便《ほうべん》であって、連絡機関として招集された大陸会議が中央機関に変じたのも、イギリス駐屯軍《ちゅうとんぐん》との武力衝突が本格的な戦争に発展してしまったからだった。新たに組織を築き上げる時間的余裕がないとなれば既存の組織を利用するしかない。かくして、大陸会議改め連合議会にその役目が託されたのだった。

独立宣言の発布と前後して、十三の植民地それぞれで邦憲法が制定されたが、一番に成立したヴァージニア邦憲法には、すでに独立宣言の柱となる要素が盛り込まれていた。**個人の自然権**や**人民主権**がそれだが、これらの主張はジェファーソンらの独創ではなく、十七世紀のイギリスを代表する哲学者ジョン・ロックの代表作『**統治二論**』でも力説され、イギリス本国で一六八九年に制定された「権利章典」の中でも明言されていた言葉であり、考え方であった。先に「個人の自然権」という言葉が出てきたが、これは人間が生まれながらにして有する権利のこと。ジョン・ロックはそれを「生命・自由・財産」という言葉で要約したが、アメリカの独立宣言ではロックの主張を踏まえながら、「**生命・自由・幸福の追求**」という表現が採《と》られた。生来の権利に、より広い幅を持たせたのである。

君主に自然権を侵《おか》されたときは、どう対処すべきなのか。イギリスの「権利章典」の中にはないが、アメリカの独立宣言にはその答えが明記されている。人民にはそれを改廃《かいはい》する権利、新たな政府を組織する権利があると。つまり、革命ないしは独立を正当な行為と謳《うた》っているのである。

単一の主権をもった国民国家が誕生

独立戦争を勝利に導くには、十三の植民地が共有する憲法も必要とされた。かくして、一七七七年十一月に採択、四年後の三月に批准《ひじゅん》されたのが連合規約で、そこでは、**独立・自由**・主権を有する諸邦からなる連合を**アメリカ合衆国**と称すると定められていた。単一の国民国家ではなく、十三の邦からなる国家連合というのが始まり時点におけるアメリカの姿で、強力な中央政府を希求する声は目先の利害に走る人びとの前にかき消されていた。

しかし、独立達成後の現実が世論を変えた。一つの邦単位では経済危機を克服できず、対外危機にも対処しえないことが自明となったからである。そのため一七八七年五月、フィラデルフィアで憲法制定会議が開催され、翌年九月には憲法案が採択された。

この時期、中央集権推進派はフェデラリスト（連邦主義者）、地方分権に固執《こしつ》する者は反フェデラリストを自称し、邦によっては勢力が拮抗《きっこう》していた。そのため、すんなり事が進展することはなく、有効となる九つの邦での批准が得られたのは一七八八年六月のこと、全邦での批准が得られたのはその翌月だった。かくして、**合衆国憲法**が成立したことにより、アメリカ合衆国は単一の主権をもった**国民国家**へ、各邦は地方行政単位である州へと変質したのである。

信教の自由はヨーロッパにおける宗教戦争の弊害から

合衆国憲法は**人民主権**と**三権分立**を大きな特徴とする。**議員**と**大統領**は直接選挙に限りなく近い**間接選挙**によって選ばれ、中央権力を強化させながら、中央において権力の分散を図る。すべては自然権である自由を守るための措置《そち》だった。

だが、全十三邦の批准を得た合衆国憲法にもまだ問題があった。フェデラリストにとってはあまりに当然であったことから、イギリスの「権利章典」にありながら、合衆国憲法には明記されなかった項目が少なくなかったことである。

反フェデラリストたちはその点をついてきた。そのため、修正の名のもと、条項の追加が重ねられ、一七九一年末までに十条が成立した。いくつか例を挙げれば、修正第一条では**信教・言論・出版および集会の自由**、修正第二条では**人民の武装権**が保障されている。

ここでいう「信教の自由」は、「国教を定め、または自由な宗教活動を禁止する法律を制定してはならない」を略した言い方で、政教分離規定とも呼ばれるが、日本人が思う政教分離とは少し意味合いが異なる。禁止対象は中央の連邦政府が特定の教会・教派に特別の便宜を図ることで、州政府が公認宗教（公定教会）をもつことは違憲とされず、修正第一条が採択されてからも、五つの州では特定の教派の牧師が州予算で抱《かか》えられ、十二の州ではキリスト教徒でないと公職に就《つ》けなかった。すべての州で公認宗教がされたのは一八三三年、キリスト教徒でなくても公職に就けるようになったのは一九六一年のことだった。

信教の自由が盛り込まれた背景には、ヨーロッパにおいて宗教戦争のもととなった国教制度の弊害を反面教師とする思考がはたらいていたからである。

have consecrated it, far《はるかに》 above《越えて》 our poor《貧弱な》 power to add《足す》 or detract《引く》.

⑧ The world will little《ほとんど~しない》 note《注目する》, nor《また~もしない》 long remember《覚える》 what we say here, but it can never forget《忘れる》 what they did here.

⑨ It is for us the living《生きている者たち》, rather《むしろ》, to be dedicated here to the unfinished《未完の》 work which they who fought《戦った(fight の過去形)》 here have thus far《ここまで》 so《とても》 nobly《高貴に》 advanced《前進させた》.

⑩ It is rather for us to be here dedicated to the great task《仕事》 remaining《残っている》 before us --- that《つまり》 from these《これらの》 honored《名誉ある》 dead we take increased《増えていく~(→さらなる)》 devotion《献身》 to that cause《目的・原因》 for which they gave the last full measure《大きさ》 of devotion --- that we here highly《高らかに》 resolve《決意する》 that these dead shall not have died《~してしまっていないだろう(未来完了形)》 in vain《無駄に》 --- that this nation, under God, shall《~するだろう(単純未来形)》 have a new birth《誕生》 of freedom《自由》 --- and that **government《政治》 of the people, by the people, for the people, shall not perish《消滅する》 from the earth.**

☞日本語訳は72ページにあります。

COLUMN PRESIDENTIAL ADDRESSES, SPEECHES

President Lincoln's《リンカーン大統領》 Gettysburg《ゲティスバーグ》 Address《演説》

① Four score《20》 and seven years ago our fathers《祖先たち》 brought《生んだ》 forth on this continent《大陸》, a new nation《国家》, conceived《考え出された》 in Liberty《自由》, and dedicated《捧げられた》 to the proposition《命題》 that all men are created《つくり出された》 equal《平等に》.

② Now we are engaged in《〜に従事する》 a great civil war《内戦》, testing《試す》 whether《〜にせよ—にせよ》 that nation, or any nation so conceived and so dedicated, can long《長く》 endure《耐える》.

③ We are met《会う (meet の過去分詞形)》 on a great battle-field《戦場》 of that war.

④ We have come to dedicate a portion of《一部分》 that field, as a final《最後の》 resting《残された》 place for those who《〜である人びと》 here gave their lives《命》 that that nation might live.

⑤ It is altogether《まったく》 fitting《ふさわしい》 and proper《適切な》 that we should do this.

⑥ But, in a larger sense《意味》, we can not dedicate --- we can not consecrate《神聖化する》 --- we can not hallow《清める》---this ground《土地》.

⑦ The brave《勇敢な》 men, living《生きている》 and dead《死んでいる》, who struggled《戦った》 here,

|コラム| アメリカ大統領演説〈日本語訳〉……… 2

リンカーン大統領のゲティスバーグ演説

①87年前、われわれの祖先たちはこの大陸に、自由のもとに考え出され、すべての人間が平等につくり出されたという命題に捧《ささ》げられた一つの新しい国家を生み出した。
②今、われわれは大きな内戦に身を置いており、そのように考えられ、そのような命題に捧げられて生み出されたこの国が、あるいはいかなる国であろうとも、長い間、はたして持ちこたえることができるかものなのかどうかを試《ため》しているのである。
③われわれは、大きな戦争の戦場に一堂に会している。
④われわれがやって来たのは、この国が生き延びられるようにここでみずからの命を与えた人びとに、最後の休息の場として、この戦場の一部を捧げるためである。
⑤われわれがそうすることは、まことにふさわしいことであり、適切なことでもある。
⑥しかし、より広い意味でいえば、われわれはこの大地を捧げられないし、神聖化できないし、清められない。
⑦この地で奮闘した勇敢《ゆうかん》な者たちは、生ける者も死せる者も、ここを神聖化しており、何かを加えたり、とり除いたりするわれわれのお粗末な力をはるかに越えているのである。
⑧世界は、われわれがここで述べることをほとんど気にも留《と》めないだろうし、長く記憶もしないだろう。しかし、彼らがここでなしたことは決して忘れることはできないのである。
⑨ここで戦った人びとがここまで実に気高《けだか》く前進させた未完の事業に、ここで捧げるべきは、むしろ生きているわれわれ自身なのである。
⑩われわれの前に残された偉大な責務に対し、ここで身を捧げるべきは、むしろわれわれ自身なのである。それは、名誉ある戦死者たちが最後の全力を尽くして身を捧げた大義に対して、彼らから引き継いで、われわれがさらなる献身をすることであり、われわれはこれらの戦死者たちが無駄に亡くなったものではなく、この国に神のもとで自由を新しく誕生させ、**人民の、人民による、人民のための**（人民に由来《ゆらい》する、人民が行使《こうし》する、人民が享受《きょうじゅ》する）**政治がこの地上から消滅しないよう**、ここにかたく決意することである。

第2章

西部開拓と先住民の悲劇

アメリカの国土を広げた戦略

第二次独立戦争が起こる

独立戦争の開始当初、大陸軍全体の士気は決して高いとはいえなかった。抗議行動ならまだしも、イギリスの国王と本国政府に銃口を向けることにとまどいを感じる者が依然多かったからである。

このような空気を一変させたのが、**トマス・ペイン**という人が書いたパンフレット（小冊子）『**コモン・センス**』だった。あまたの思想書とは異なり、全体にわかりやすい言葉で書かれていたことから、学歴の低い者でも理解できた。中でも読む者の心を最も捉《とら》えたのは、

「君たちは新しい世界を創りつつあるのだ」

という一文だった。この一文は独立戦争を正当化すると同時に、使命感を煽《あお》り立てる呪文《じゅもん》といってもおかしくなかった。

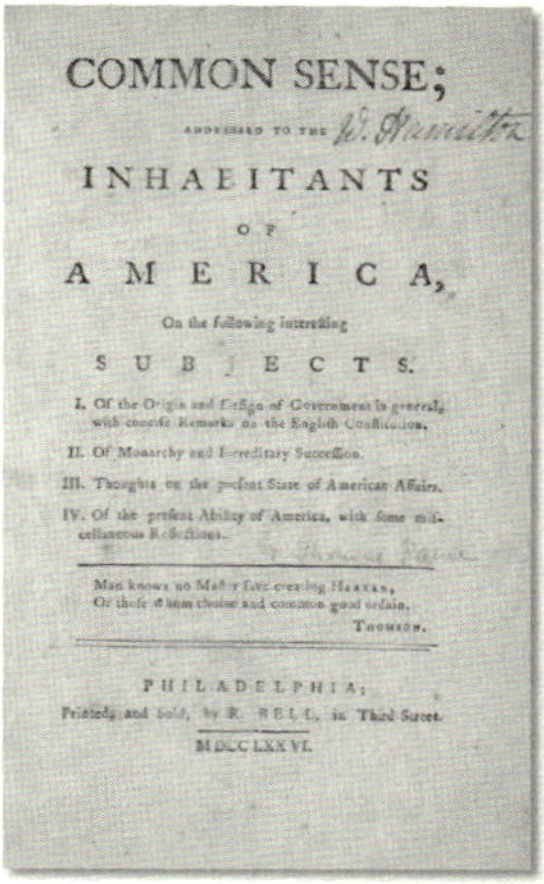

COMMON SENSE;

ADDRESSED TO THE

INHABITANTS

OF

AMERICA,

On the following interesting

SUBJECTS.

I. Of the Origin and Design of Government in general, with concise Remarks on the English Constitution.

II. Of Monarchy and Hereditary Succession.

III. Thoughts on the present State of American Affairs.

IV. Of the present Ability of America, with some miscellaneous Reflections.

Man knows no Master save creating HEAVEN,
Or those whom choice and common good ordain.

THOMSON.

PHILADELPHIA;
Printed, and Sold, by R. BELL, in Third Street.
MDCCLXXVI.

▲独立戦争の呼び水となった『コモン・センス』とその著者トマス・ペイン

だが、呪文の効果は独立達成後、経済不況に曝《さら》される中で少しずつ色褪《あ》せていった。

それに再び活力を与えるにはどうしたらよいか。きっかけを提供してくれたのはヨーロッパ全土を巻き込んだ**ナポレオン戦争**だった。

ヨーロッパ列強が次々とナポレオンの軍門に降る中、イギリスだけは毅然《きぜん》と独立を維持していた。海軍力ではとうてい敵《かな》わないとみたナポレオンは上陸作戦をあきらめ、イギリス本土を経済封鎖しようと考えた。そのため、一八〇五年に発したのが**大陸封鎖令**だった。

これより先、フランス革命の進展を受け、

ヨーロッパ諸列強により対仏大同盟が結成されたとき、アメリカは中立を掲《かか》げ、英仏双方との通商を続けていた。イギリスはこれを快く思わず、しばしばアメリカの商船を公海上で停止させ、脱走兵が潜伏しているとして臨検《りんけん》を行なった。脱走兵が見つかればもちろん連行したが、いなかった場合でも、アメリカ人船員を強制徴用することがあったことから、アメリカ国内ではにわかに反英感情が高まることになった。

そのあげくに起きたのが一八一二年に始まる**英米戦争**で、第二次独立戦争または一八一二年戦争と呼ばれたりもする。

この戦争は勝敗のつかないまま終わったが、アメリカ史においては大きな転機となった。どこからの援助もなく単独で互角にわたり合えたことは、イギリスに対する劣等感の払拭《ふっしょく》とイギリスからの文化的・精神的な独立に、イギリスとの貿易の途絶は国内産業の育成、ひいてはアメリカ産業革命を誘発することにつながったのである。

いよいよ本格化する西部進出

ナポレオン戦争がアメリカにもたらした影響はもう一つある。一八〇三年のアメリカによる**ルイジアナ購入**がそれである。

ここでいうルイジアナは現在のルイジアナ州にとどまらず、一七六二年以来、スペイン領となっていた旧フランス領ルイジアナで、ミシシッピ川以西の南はもうメキシコ湾に近いニューオーリンズから北はイギリス領カナダにまで達する広大な地域、現在のアメリカ中部十三州に当たる。

事態は海外領土の拡大に心惹《ひ》かれたナポレオンが、一八〇〇年十月のサン・イルデフォンソ条約によって、スペイン領ルイジアナを譲り受けたことに始まる。

フランスは独立戦争における最大の支援者であったが、それはイギリスという共通の敵があったからこそ成立したもの。その本質は隙《すき》あらば土地を奪い取ろうという列強の一員に他ならなかった。

この時点のアメリカは十六州にまで増えていたが、フランス領となったルイジアナの面積はアメリカ十六州を併《あわ》せたそれに近く、アメリカにとって大きな脅威であると同時に西部進出の大きな障害になるに違いなかった。

一八〇二年十月、それまでアメリカ人に認められていたニューオーリンズにおける倉庫権の打ち切り宣告は、交易に携わる人びとだけでなく、政界の要人たちにも強い衝撃を与えた。ニューオーリンズはミシシッピ川河口近くにある交易の要地で、そこを使用できなくなれば、ミシシッピ川を利用した交易そのものができなくなる。アメリカ経済全体が被《こうむ》る打撃は計《はか》り知れなかった。

アメリカにとって幸いだったのは、一八〇二年に英仏間で締結されたアミアン和約が破《は》綻《たん》しかかっていたことだった。フランスとイギリスの対立が深まれば、ナポレオンは北米に手をかける余裕がなくなり、ルイジアナを手放す気になるかもしれない。少しでも多くの戦費を調達したいであろうから、アメリカ側からの金銭で問題を解決できる可能性も考えられた。その期待に違《たが》わず、ナポレオンは難題をふっかけることもなく、素直に交渉に応じた。かくして一八〇三年四月、アメリカは一五〇〇万ドルの価格でルイジアナの購入に成功したのだった。

これにより、アメリカの国土面積は一気に倍増し、**南部**では黒人奴隷を使った**大農園**が展開され、農業に不向きな**北部**では**工業**が主力産業となる。一八一八年にはイギリス領カナダとの五大湖以西の国境線と漁業権に関しても合意に達し、その翌年にはかなり強引なかたちでスペインからフロリダを購入することにも成功する。一八一二年の戦争中、イギリスと結んだ先住民と戦う過程で端緒《たんしょ》を開いた西部進出は、後顧《こうこ》の憂《うれ》いがなくなったところでいよいよ本格化されたのだった。

モンロー主義に秘められたアメリカの野望

モンロー主義を掲げたアメリカ

第一次世界大戦に参戦するまで、アメリカは「**モンロー主義**」と呼ばれる政策を外交の基本としていた。ここでいうモンローとは、第五代大統領を務《つと》めたジェイムズ・モンローのことで、「モンロー主義」とは、彼が一八二三年十二月二日、連邦議会にあてた第七次年次教書の中で唱えた外交方針を指している。

これは、独立してからまだ日が浅い中南米諸国に対するヨーロッパ大陸諸列強の干渉に対し、イギリス外相のカニングから英米共同で反対声明を出そうという提案を受けて、慎重な審議を重ねたうえで出したモンローの返答だった。

いわゆる「モンロー主義」の要旨は、**非植民地主義**と**相互不干渉**の考えに尽きる。アメリカ大陸はもはやヨーロッパ諸列強の植民地対象とみなされるべきではない。ヨーロッパとアメリカ大陸には本質的に異なる政治制度が存在しており、ヨーロッパのそれをアメリカ大陸に押しつける行為は認めがたい。アメリカはヨーロッパの問題に干渉しないから、ヨーロッパもアメリカ大陸の問題に介入するべきではない。それでもあえてするというなら、アメリカ合衆国はこれを自己の平和と安全を脅《おびや》かすものとみなす、との内容だった。

素直に読めば、アメリカ政府が一方的に縄張りの設定と国際ルールを通告したように思えるが、そもそもアメリカはなぜ、このような主張を掲げたうえ、イギリスとの共同声明を避けたのだろうか。

それには、当時のアメリカ大陸をめぐる国際情勢が関係したのである。

イギリスとの係争を依然抱えたアメリカ

ヨーロッパ全土がナポレオン戦争で大揺れしていた時期、フランス革命で掲げられた自由や国民国家の理念は中南米にも伝えられ、先住民や植民地生まれの白人および先住民と白人との混血、さらには黒人奴隷とその子孫たちにも強い影響を及ぼしていた。

ヨーロッパ本国が自分の足もとのことで精一杯なこのときこそ好機とばかり、一八一〇年代から二〇年代にかけて、アメリカ大陸では続々と独立国家が産声《うぶごえ》をあげた。

ナポレオン戦争が終結して、戦後の混乱もひとまず収束したところで、ヨーロッパ列強はアメリカ大陸での支配や干渉を復活させようとした。**ロシア**はベーリング海峡からアリューシャン列島（アレウト列島）、アラスカに支配圏を拡大させたうえ、太平洋岸に沿って南下する政策を推進。あまつさえ北緯五一度線までの領有権を主張した。

ロシアだけではない。アメリカ合衆国は依然**イギリス**とも係争を抱えていた。現在のオレゴン州が両国の共同占領地域とされたまま、双方の利害が対立して、太平洋岸北部地域での国境画定が遅れていたのである。オレゴンだけでなく、アメリカはキューバの利権をめぐってもイギリスと対立していた。

当時のイギリスは「**世界の工場**」と呼ばれ、機械で大量生産した安価な製品を世界中で売りさばいていた。市場規模は大きければ大きいほどよいというので、環《かん》インド洋と環太平洋でも飽き足らず、大西洋の覇権《はけん》をも握ろうとしたのである。アメリカに共同声明をもちかけたのは、その外交方針の一環だった。

世界制覇を目論《もくろ》むアメリカ

モンローが掲げた**非植民地主義**と**相互不干渉**は理念というより、一時の方便と受け取るべきものだった。当時のアメリカにはヨーロッパの問題に干渉することはおろか、中南米諸国に干渉するにも依然力不足で、それを実行するにはいましばらくの時間が必要だった。いずれ国力が充実すれば、中南米諸国のすべてをアメリカの独占市場として確保する。植民地化するのではなく、経済的な従属下に置くだけで十分。モンロー主義がそれまでの時間稼《かせ》ぎを意図《いと》するものだったことは間違いないだろう。

さらに、モンロー主義にはこれとは別の意図も含まれていた。それはアメリカによる**世界制覇**である。

時のアメリカ政府には**中南米**だけでなく、**アジア**や**ヨーロッパ**の問題にまで干渉しようとの野心があった。

アメリカはヨーロッパの問題に干渉しない。それは理念を謳《うた》ったというより、今はまだ力不足でそれどころではないが、国力が充実すれば話は別との意味が秘められていた。

だからこそ、英米共同声明の誘いには乗らず、年次教書という一方的な声明の形がとられたのだった。共同声明や国際条約だと一定の拘束力が生じてしまうが、他国が絡《から》まない一方的な声明であれば、将来手のひらを返したところで、国際的に攻められることは少ない。半世紀ないしは一世紀先を見すえたやり方だった。

強制移住をさせられる先住民たち

西部進出の熱は高まるばかり

アメリカへ移住してくるヨーロッパ系白人は大きく二つに分類できた。宗教的な理由に拠《よ》る者と経済的な理由に拠る者とに。

前者も一色に塗りつぶされていたわけではなく、真摯《しんし》に**信教の自由**を求める者もいれば、自己の所属教会を国教にしたいと望む者まで、志向する内容にはかなりの開きがあったが、全体的にみれば、自分たちには神に与えられた特別な役割があるとする宗教的な使命感を抱く者が多かった。

一方、後者に分類される人びとは**生活苦から逃《のが》れるため**に移住を選んだ関係上、新天地に着いてなお貧困に喘《あえ》ぎ続けることなど耐えられず、**土地取得**への欲求を隠さなかった。可能性を秘めた広大な土地があり、**先住民**にそれを守る力がないのなら、武力に訴えてでも奪い取り、みんなで分ければよいではないか。アメリカへの移住者が後を絶たず、白人人口が急増するに伴い、**西部進出**の積極化を唱える声は高まるばかりだった。

先住民との関係は、植民地時代から悩ましい問題だった。建国当初から、服従を拒《こば》む者には武力を行使し、応じる者には狩猟から農耕牧畜生活への転換を強要してきた。生活圏を縮小させれば、使わない土地が生じるから、そこを白人に譲渡させる。それと同時にキリスト教への入信、英語の習得などをさせ、少しずつ**白人文明**に同化させようという政策である。

プランテーション経営に生じた問題

先住民との衝突をできるだけ回避する。建国以来のこの政府方針は一八〇三年のフランス領ルイジアナの購入をきっかけに揺《ゆ》らぎ始めた。そこがアメリカ領になったのなら、もう遠慮はいらない。先住民をルイジアナへ追い立て、主《あるじ》のいなくなった土地を競売にかけろとのつき上げが、年々強まっていったのである。

歴代政権は、なんとかつき上げを抑《おさ》えてきたが、第七代大統領となった**アンドリュー・ジャクソン**は違った。南部を支持基盤とする彼には何のためらいもなく、一八二九年十二月の第一次年次教書の中で、先住民を彼ら固有の居住地で定着農耕させるのではなく、ルイジアナに駆逐《くちく》する意向のあることを表明したのだった。

なぜ南部かといえば、それは南部の基幹産業と関係する。南部でも北寄りのヴァージニアとメリーランドでは一七世紀後半、タバコの栽培が主力産業となり、十八世紀後半には米の栽培がタバコの次に稼げる産業と化していた。

この二州より南に位置するサンスカロライナでは十八世紀後半、稲と藍色染料の原料となるインディゴの栽培が主幹産業となっていたが、十九世紀初頭には同地と西に隣接するジョージアで**綿花**《めんか》の栽培が急成長を遂げ、稲とインディゴをも上まわる産品と化していた。綿花の栽培は黒人奴隷を使った**プランテーション経営**に依拠《いきょ》していたが、そこには一つ大きな問題があった。当時の農業技術では土壌の枯渇《こかつ》が早く、常に新しい土地が必要とされたことである。

そこで、プランテーション経営者たちが目をつけたのが、養分に富んだチェルノーゼム（黒土）からなり、黒土地帯の異名をもつアラバマ州からミシシッピ州にかけて広がる三角地帯だった。そこは狩猟を主としながら農業も手がける**チェルキー族**の居住地だったのである。

アメリカ史上、大きな汚点となった「涙の行進」

ジャクソンの意思表示を受けて、連邦議会は一八三〇年五月、**先住民強制移住法**を制定した。先住民が素直に従うはずはなく、北西部ではサック族とフォックス族、南西部ではセミノール族が武装蜂起を起こすが、いずれもすぐに鎮圧された。アラバマ州からミシシッピ州にかけて居住する**チェロキー族**は法廷闘争を選択したが効果はなく、移住か同化かの厳しい二者択一を迫られることになった。

ここでチェロキー族は前者を選んだ。屈辱と恐怖の中で暮らすよりは、移住のほうがましと判断したのである。

わずかな衣服と食糧しか与えられず、馬車も不十分なまま、チェロキー族一万五〇〇〇人ないしは一万八〇〇〇人が故郷を後にさせられたのは一八三八年十二月のこと。寒気が強まる中、護衛役のはずの軍隊による暴力に曝《さら》され、民間請負業者による不正も横行する。さらに伝染病や悪天候なども重なった結果、現在のオクラハマ州に到着するまでの一一六日の間に四〇〇〇人もの命が失われた。

この悲惨な旅路は「**涙の行進**」と称され、アメリカ史上の大きな汚点《おてん》として深い刻印を残すことになった。

これと前後して、先述したセミノール族やクリーク族、チョクトー族、チカソー族など、「開化五部族」に数えられた人びともオクラハマに駆《か》り立てられた。

無人と化した肥沃《ひよく》な黒土地帯は白人の農園主たちに払い下げられ、南部の綿作地が大幅に拡大された。強制移住法と「涙の行進」はアメリカの**膨張《ぼうちょう》主義政策**の本格化を告《つ》げる象徴的な出来事でもあった。

「アラモを忘れるな」が魂に刻《きざ》み込まれたメキシコ戦争

映画にもなったアラモ砦の攻防

ひとたび稼働を始めたアメリカ合衆国の**膨張主義政策**は留《とど》まるところを知らなかった。一八三六年に始まる**テキサス独立戦争**もその中の一コマで、ジョン・ウェンが監督・制作・主演を務めた一九六〇年公開のアメリカ映画『**アラモ**』は、同戦争中に起きた壮絶な出来事をモデルにしている。

現在のテキサス州は十七世紀末にスペインの植民地とされた。一八二一年のメキシコ独立にともない、メキシコ領とされるが、人口が希薄であったことから、移住者に気前よく土地を与える移住奨励策を打ち出した。

狙いに違わず、テキサスにアメリカ人入植者が殺到したが、ここで新たな問題が生じた。一八三〇年だけでもアメリカ出身の白人二万人と黒人奴隷二〇〇〇人が移住してくるなど、当初の予測をはるかに超え、脅威を感じるレベルに達したのである。

▲アメリカ人の独立心を象徴するアメリカ映画『アラモ』のポスター

そこで、メキシコ政府はアメリカ人の移住を禁止すると同時に、奴隷制の廃止を定める法律を制定したが、テキサスのアメリカ人はこれに反発して、一八三六年三月二日、メキシコからの独立を宣言する。

テキサスのアメリカ人はかなり散らばって住んでいたことから、軍を集結させるまでに時間がかかる。そのため、サン・アントニオのアラモ砦は孤立し、わずか一八七人の小部隊で四〇〇〇人ものメキシコ軍を迎え撃つはめに陥った。衆寡敵《しゅうかてき》せず、三月六日には一八七人の戦闘員が全員玉砕《ぎょくさい》して、生きて放免された非戦闘員によって玉砕の様子が伝えられると、「**アラモを忘れるな**」が、テキサス在住アメリカ人の合言葉となり、士気の鼓舞《こぶ》に利用された。

翌月、テキサス在住アメリカ人たちは反撃に転じ、テキサス共和国の樹立を宣言すると、アメリカ合衆国に併合してくれるよう申し入れた。一度は連邦上院によって否決されるが、再度の請願は受け入れられ、一八四五年十二月には、晴れてアメリカ合衆国への加入を認められた。

覇権的立場を鮮明にするアメリカ

アメリカとメキシコの緊張関係はその後も解消されず、一八四六年五月には**アメリカ・メキシコ戦争**（米墨《べいぼく》戦争）が開始される。

実はこの戦争が勃発する約一年前、アメリカの**膨張主義政策**を正当化する論文が発表され、話題を呼んだ。弁護士兼ジャーナリストの**ジョン・オサリヴァン**が雑誌『デモクラティック・レヴュー』に寄稿した「併合論」がそれで、同文中には**テキサス併合の不可避性**と**アメリカ合衆国による北米大陸全域の制覇**を神に与えられた「**マニフェスト・デスティニー**（明白なる運命）」とする論が展開されていた。

オサリヴァンの論文発表とともに、アメリカの膨張政策を全面的に支持する熱狂が巻き起こり、先の米墨戦争も、翌年二月のグアダルーペ・イダルゴ条約により、アメリカの圧勝のうちに終了した。アメリカはリオグランデ川以北をテキサス領としただけでなく、カリフォルニアとニューメキシコを一五〇〇万ドルで譲渡させることにも成功したのだった。

米墨戦争が勃発する前年の十二月、第十一代大統領のポークが議会に宛てた年次教書の中にも、膨張主義政策のさらなる推進を宣言する文言が盛られていた。

「われわれは、この大陸の国民だけが、おのれの運命を決する権利をもっているという原則を主張し続ける」

というのがそれで、南北アメリカ大陸にはヨーロッパのような**勢力均衡**は必要なく、アメリカ合衆国の**覇権的立場**《はけん》は当然であり、永久不変であるとの考えを傲然《ごうぜん》と言い放ったのだった。ポークの主張はモンロー主義の拡大版との観点から、**ポーク主義**と呼ばれたりもする。

環太平洋全域への野望が高まる

中南米諸国はすべてアメリカにひれ伏し、北米大陸のすべてはアメリカの版図《はんと》に組み入れられなければならない。北米大陸全域の併呑《へいどん》はアメリカの権利であると同時に使命でもある。こうしたポーク主義の考えに従えば、現在のオレゴン州に相当する地域の帰属は、アメリカの領域というかたちで一日も早く決定されるべきであった。

同地域に関しては、十九世紀初頭まではスペイン、ロシア、イギリス、アメリカの四カ国がそれぞれ領有権を主張して譲らなかった。やがてスペインとロシアが請求権を放棄したことから、一八一八年以来、英米の共同占領地となっていた。「共同」といえば聞こえはよいが、実際のところ、解決の糸口が見いだせないことから、棚上げにされていただけだった。

一八三〇年代の後半以降、アメリカ国内でオレゴンへの移住熱が高まってくると、もはや棚上げというわけにもいかず、英米間で交渉が重ねられた結果、一八四六年には妥協が成立。北緯四九度線をもって分割することが決せられたのである。これにより、アメリカは、はじめて太平洋岸に領土を獲得して、環太平洋全域をアメリカの市場に取り込む案を、真剣に議論するようになるのだった。

ペリー率《ひき》いる**アメリカ艦隊**が日本の**浦賀沖**に姿を現わすのは、オレゴン問題の決着からわずか五年後のことであった。

金鉱の発見とゴールド・ラッシュ

カリフォルニアと**ニューメキシコ**の買収《ばいしゅう》はアメリカ史における重大な転機のきっかけとなった。事の始まりは一八四八年一月、手に入れたばかりのカリフォルニアのサクラメント渓谷で金鉱が発見されたことにあった。

それまでのカリフォルニアといえば、靴とローソクの原料となる牛革《ぎゅうかわ》・牛脂《ぎゅうし》の産地として知られるくらいで、白人人口は約二千人にすぎなかった。それが**金鉱発見**のニュースが広まるやいなや、一攫千金《いっかくせんきん》を夢見る人びと続々と押し寄せ、わずか数年で白人人口が十万人を数えるまでになった。移住の波のピークが一八四九年であったことから、彼らは「四九年組」と命名された。

割を食った先住民とバイソン

これで割《わり》を食《く》わされたのが**先住民**と**野生動物**で、カリフォルニアに居住する先住民は一八三四年の三六万人から一八六五年には三万五〇〇〇人にまで減少した。「四九年組」

によって持ち込まれた伝染病や彼らによる暴力行為で、九割もの先住民が命を奪われたのである。

野生動物の中で最も被害の大きかったのは、当地の陸上哺乳類《ほにゅうるい》では一番目立つ**アメリカ・バイソン**だった。

先住民はこれを生活の糧《かて》として狩《か》るのみだったが、白人たちは遊びとして、銃火器をも駆使して乱獲したことから、アメリカ・バイソンは絶滅寸前になるまで激減させられたのだった。

大陸間鉄道によって経済圏が変わる

ゴールド・ラッシュは人びとを太平洋岸に引き寄せる役割を果たし、採掘のピークを過ぎると、カリフォルニアから東へと移住する者たちが現われた。これと大西洋岸諸州から西進する動きがあわさって、白人の空白地帯が東西から埋められていくかたちとなった。

人の往来《おうらい》が増えれば、**交通網の構築・整備**が必要となる。アメリカの広さからすれば、道路や水路だけで足りず、より速く、より多くの人や物資を運ぶことのできる交通手段が必要とされた。

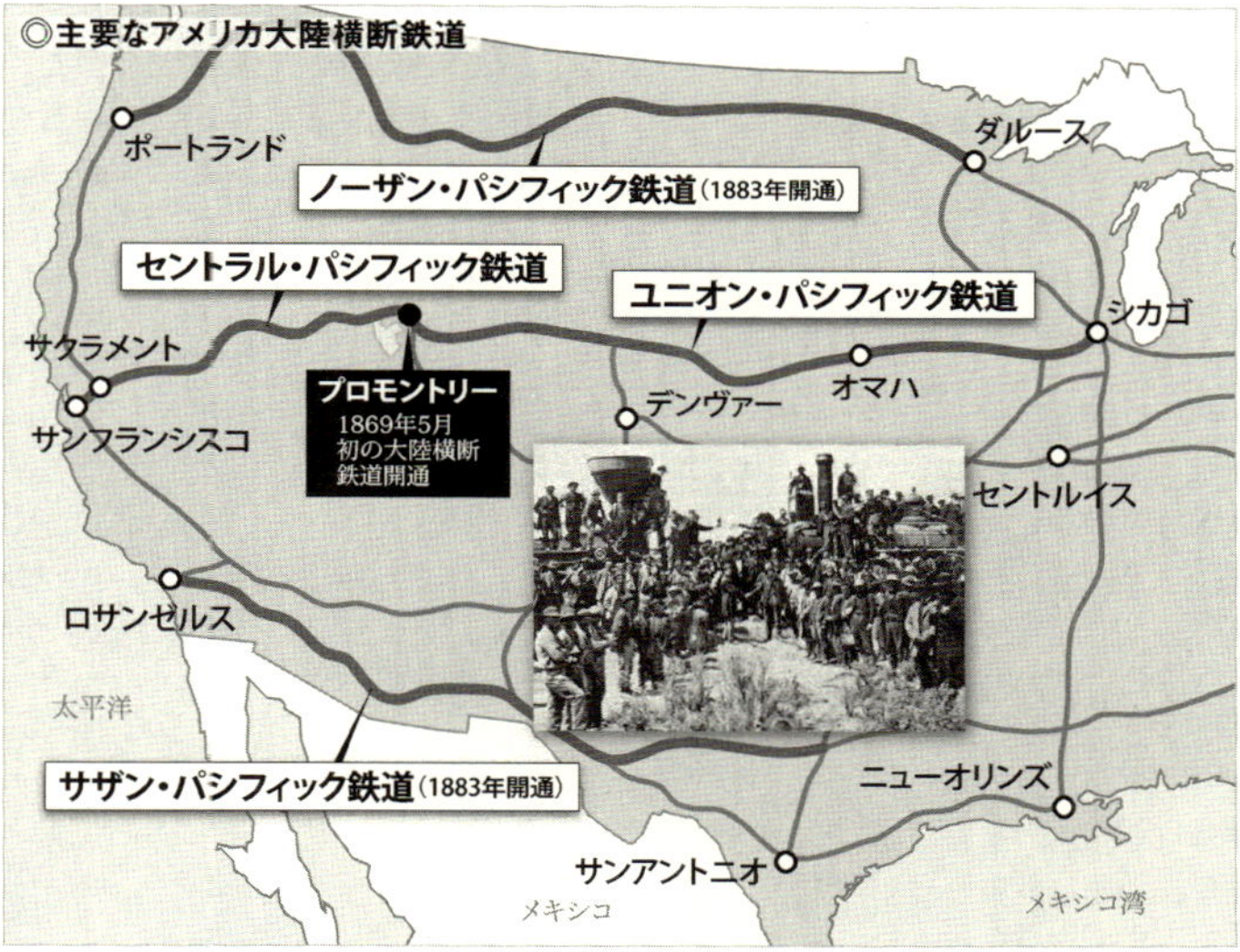

◎主要なアメリカ大陸横断鉄道

かくして、一八三〇年を最初として**鉄道の開通**が相次ぎ、このときには一一七キロメートルにすぎなかった総距離数が一八四〇年には五三〇〇キロメートルと、ヨーロッパ全体の総距離数のほぼ二倍を記録するまでになった。

鉄道が運河にまさる点は、旱魃《かんばつ》、洪水《こうずい》、凍結などで不通になることが稀《まれ》で、年間を通して運航できることにあった。物流の常識を根本から変えてしまったのである。

鉄道網の発達は国内の力関係にも変化を及ぼした。一八一二年戦争以降のアメリカは北部と南部、西部という三つの経済圏が分立する状態にあり、西部の穀倉地帯は水路を通じて南部につながっていた。

ところが、近代的な交通網の整備に伴い、西部の農産物の流れは北部に切り換えられ、北部と西部で一つの巨大経済圏を築くようになった。こうした物流の変革はのちの南北戦争の帰趨《きすう》にも影響を及ぼすのだった。

ペリーが日本に開国を迫る

オレゴンとカリフォルニアの獲得により、アメリカは大西洋と太平洋の両方に開かれた大陸国家へと変貌した。油の採取を目的として、もっぱら大西洋で行なっていた**捕鯨**《ほげい》が太平洋でも行なわれるようになった。

アメリカの捕鯨船はクジラを求め、日本近海にまで足を延ばしていた。中国の清《しん》王朝との貿易にも力を入れていたことから、太平洋を横断する商船も増える傾向にあり、航路上のどこかに補給のための寄港地を確保することが急務となった。

このとき、アメリカが目をつけたのは**日本**だった。鎖国《さこく》体制をとってはいるが、これを開国させれば、単なる寄港地にとどまらず、新たな市場としても期待できる。日本を開国させる大役を任されたのは海軍一家に生まれ、米墨戦争においてメキシコ湾艦隊司令官を務めた経歴をもつ**ペリー准将**《じゅんしょう》だった。

▲日本の鎖国体制の脅威となった黒船来航とペリー艦隊司令長官

これより前、船の難破や薪水《しんすい》・食料を求めて日本に上陸を試みたアメリカ人は少なからず、生存者は唯一の対外窓口である長崎に送られるのが決まりだった。生存者引き取りのため、長崎に赴《おもむ》いたことがあるアメリカ海軍のジェイムズ・グリン中佐は連邦政府への報告書の中で、日本との交渉を進めるには力を誇示する必要があり、使節には熟達した海軍の上級軍人がよいと進言していた。これに適合する人物を探したところ、白羽の矢が立てられたのがペリーだったのである。

アメリカの根底をなす信仰復興運動

弾圧の対象とされたモルモン教

教会離れが進む一方のヨーロッパに対し、アメリカではいまだ信仰の篤《あつ》さが大統領選挙の結果をも左右する。信仰の面では対照的と見られがちな両者だが、実のところ、アメリカ人の信仰心にはかなり波があり、日曜日に必ず教会に行く人の割合がかなり低い時期もあった。

しかし、信仰心の薄さが底打ちした頃、信仰への復帰を促す社会運動が盛んになるのもアメリカ史の特徴で、アメリカではこれを**信仰復興運動**ないしは大覚醒《だいかくせい》運動と呼んでいる。

第一次信仰復興運動が展開されたのは一七三〇年代から五〇年代で、第二次のそれは十九世紀の初めに盛んとなった。運動は既成の教派・教会を推進役とすることもあれば、新興勢力によって行なわれることもあり、後者の中には限りなく**カルト**に近いものも存在した。

アメリカ合衆国憲法には「**信教の自由**」が謳われているが、例外もあった。アメリカ社会の脅威とみなされれば、**弾圧**の対象とされたのである。その典型的な例が現在の正式名称を「末日聖徒イエス・キリスト教会」とする、俗にいう**モルモン教**だった。

モルモン教はこうしてできた

モルモン教を創始したのは**ジョセフ・スミス**という男で、彼が初めて神の啓示を受けたのは一八二〇年のこと、森の中で祈りを捧げているときで、既成の宗教では魂の救済はできない、真実の救いの道が示されるまで待機するよう告げられたのだという。

三年後、スミスは天使から正しい経典が土中にあることを告げられ、四年後の一八二七年にそれを掘り出し、ともに埋められていた翻訳器の助けを借りながら、翻訳したものを一八三〇年に出版した。モルモン教ではこれをもって同教団の創立としている。

その経典は古代バビロニアから北米大陸に逃れてきた者の子孫モルモンによって記されたというので、**モルモン経**と命名された。スミスは教団の名を「キリストの教会」としたが、創立から四年後には「末日聖徒の教会」、そのまた四年後に現在の名に改めた。

「救世主」を意味する「キリスト」の名を冠するだけあって、教義の柱は、救世主の待望にあった。救世主が降臨するのはアメリカの地であり、その日が到来するまで、信者は神の教えに従った正しい信仰生活を送らなければならない。スミスはミズーリ州のインディペンスこそ救済の中心になるとして、そこに信者たちの共同体を建設するが、周辺社会から危険視され、弾圧に晒《さら》されたことからそこを去り、一八三八年にはイリノ州のノーヴーを新たな拠点とした。

しかし、教団が信者からなる大規模な**私兵軍団**を擁していたこと、および**一夫多妻制**を容認していたことが災いして、そこでも安住がかなわず、一八四四年、スミスは投獄中のところを暴徒に襲われ、命に落とした。

生き延びたモルモン教

二代目会長となったプリガム・ヤングは信者たちを西部へ導き、一八四六年には現在のユタ州に到達した。翌年にはグレート・ソルト湖の南東で町づくりを始め、そこに誕生したのが、二〇〇二年の冬季オリンピックの開催地となったソルト・レイク・シティだった。

根拠地の確立に勇気づけられたか、一八五二年、モルモン教は**一夫多妻制**を公式に教義に盛り込んだ。

連邦政府はこれを危険視したが、折しも南北間の緊張が高じて内乱が勃発。モルモン教に対処するどころではなくなっていた。

戦争の終結を待って、連邦政府はモルモン教に対する弾圧を開始した。一夫多妻制を実践する者の公民権の停止、教会からの財産没収などが法制化され、連邦政府が軍隊の投入までも辞さない姿勢をみせるに及んで、モルモン教は現実との妥協を選んだ。一八九〇年、モルモン教は公式に一夫多妻制の放棄を宣言。アメリカ社会の一員として生きていくことを明らかにするなど、創立以来最大の方向転換を行なったのだった。

アメリカ社会ではその後も長く、モルモン教をカルト教団とみる傾向が強かったが、二一世紀に入ってからは偏見もだいぶ薄れた。その何よりの証左が二〇一二年の大統領選挙で、民主党候補のバラク・オバマに敗れたとはいえ、モルモン教信者のミット・ロムニーが共和党の候補に選ばれたこと自体、少し前までは予想もつかないことであった。

an act《行為》 of physical《物質的な》 aggression《侵略》 against《〜に対する》 any neighbor《隣国》 --- anywhere《いかなる場所でも》 in the world.

⑥ That is no《決して〜ではない》 vision《幻想》 of a distant《遠い》 millennium《千年期》.

⑦ It is a definite《確実な》 basis《基盤》 for a kind of world attainable《達成できる》 in our own time and generation《世代》.

⑧ That kind of world is the very《まさに〜》 antithesis《正反対》 of the so-called《いわゆる〜》 new order《秩序》 of tyranny《専制政治》 which the dictators《独裁者たち》 seek to create《つくり出す》 with the crash《衝撃》 of a bomb《爆弾》.

⑨ To that new order we oppose《反対する》 the greater conception《概念》 --- the moral《道義的な》 order.

⑩ A good society《社会》 is able to face《対峙する》 schemes《企て》 of world domination《支配》 and foreign《外国の》 revolutions《革命》 alike《同じく》 without fear.

[…]

⑪ Our strength《強み》 is our unity《一致》 of purpose《目的》.

⑫ **To that high concept there can be no《いかなる〜ありえない》 end save《〜を除いて》 victory《勝利》.**

☞日本語訳は104ページにあります。

President Roosevelt's《ローズベルト大統領》 Message《教書》
'The Four Freedoms'《自由》 (extract)《抜粋》

① In the future《未来》 days, which we seek to《～しようと努力する》 make secure《確実なものにする》, we look forward to《～を期待する》 a world founded upon《～を基礎とした》 four essential《本質的な》 human《人間の》 freedoms.

② The first《第一》 is freedom of speech《言論》 and expression《表現》 --- everywhere《あらゆる場所で》 in the world.

③ The second《第二》 is freedom of every person《すべての人》 to worship《崇拝する》 God《神》 in his own way《それぞれの方法で》 --- everywhere in the world.

④ The third《第三》 is freedom from want《困窮・欠乏》 --- which《それは》, translated《～へ翻訳する》 into world terms《ことば》, means《意味する》 economic《経済的な》 understandings《意見の一致》 which will secure《保障する》 to every nation《国》 a healthy《健全な》 peacetime《平和時の》 life for its inhabitants《住人たち》 --- everywhere in the world.

⑤ The fourth《第四》 is freedom from fear《恐怖》 --- which, translated into world terms, means a world-wide《世界中の》 reduction《削減》 of armaments《軍備》 to such a point《観点》 and in such a thorough《徹底的な》 fashion《方法》 that no nation will be in a position《立場》 to commit《犯す》

コラム　アメリカ大統領演説〈日本語訳〉……… 3

ローズベルト大統領の教書「４つの自由」（抜粋）

①**われわれが確実なものにしようとしている未来の日々に、われわれは４つの本質的な人間の自由を基礎とした世界が生まれることを期待している。**

②**第一は、**世界のあらゆる場所における**言論と表現の自由である。**

③**第二は、**世界のあらゆる場所において、**すべての人がそれぞれ自分のやり方で神を崇拝する自由である。**

④**第三は、困窮からの自由である。**それは、世界的な言い方に変えれば、あらゆる場所において、あらゆる国々にその住人たちのための健全かつ平和時の生活を保障するような経済的な合意を意味する。

⑤**第四は、恐怖からの自由である。**それは、世界的な言い方に変えれば、いかなる場所においても、どの国も、いかなる隣国に対しても物質的な侵略行為を犯さない立場であるという観点、徹底的な方法から、世界中の軍備を削減することを意味する。

⑥それは遠い千年先の幻想ではない。

⑦それは、われわれの時代とこの世代において、達成可能な一つの世界の明確な基盤である。

⑧その種類の世界は、独裁者たちが爆弾の衝撃によってつくり上げようとする、いわゆる専制政治の新秩序のまさに正反対にあるのである。

⑨その新しい秩序に対して、われわれはさらなる偉大な概念で対抗する。それは、道義的な秩序である。

⑩すぐれた社会は、世界支配の企《くわだ》てや諸外国の革命に対して等しく、恐れることなく、対峙《たいじ》することができる。

（中略）

⑪われわれの強みはわれわれの目的の一致である。

⑫**その崇高《すうこう》な概念にとっては、勝利以外の終わりはありえないのである。**

第3章

南北戦争と奴隷解放

国中から大ブーイングを浴《あ》びせられたアラスカ購入

アラスカはもともとロシア領だった

領土の拡充が決まるたびに歓喜の声があがる。それが普通であったアメリカで、例外となった場所が一つある。間にカナダを挟《はさ》んだ飛び地で、北西部の太平洋岸でベーリング海峡に臨む**アラスカ**がそれである。

アラスカは**アメリカ最大の州**で、面積は一五三万〇七〇〇平方キロメートル。日本列島の総面積を四倍してもまだ及ばない広さである。

アラスカからベーリング海峡を渡れば、ユーラシア大陸東端のチュコト半島に達する。氷河期には凍《こお》って陸橋《りっきょう》をなし、アメリカ先住民の祖先はアジアからそこを渡ってアメリカ大陸に移り住んだものと考えられる。

海峡になってからは人の往来《おうらい》は途絶《とだ》えたが、航海技術の向上などもあって、一八世紀前半には**ロシア**が進出を開始。一七四一年にはジョナサン・ベーリングを長とする探検隊

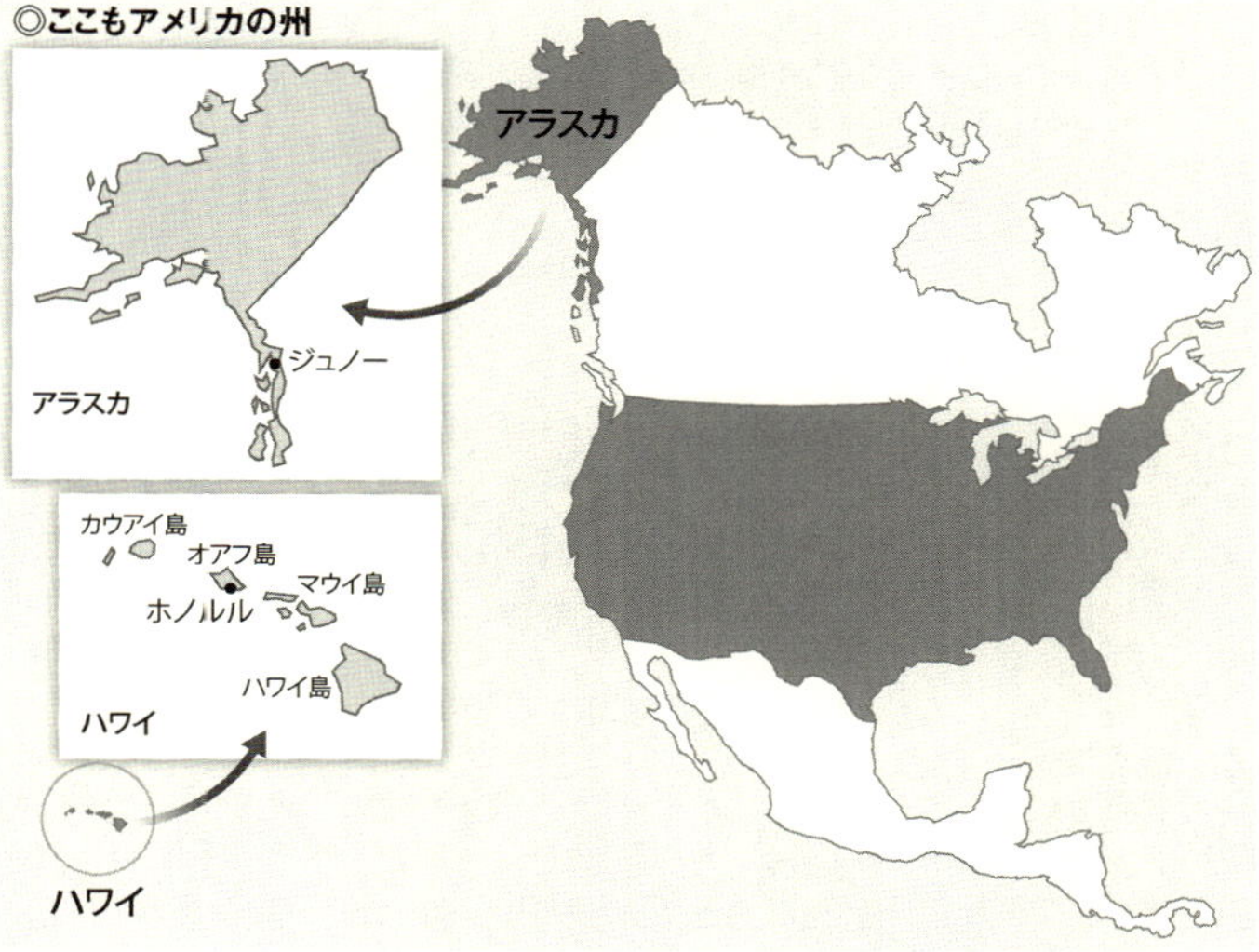

がアラスカへの到達とアレウト列島（アリューシャン列島）の発見をなし遂げた。

一七九九年からは、ロシア政府から特許を与えられたロシア・アメリカ会社が毛皮交易に乗り出し、一八〇四年にはアラスカ南東部に位置するアレクサンダー諸島のバラノフ島西岸に本拠地となる町が築かれた。現在の港町シトカがそれで、帝都サンクト・ペテルブルクから派遣された知事もそこを駐在地とした。

ロシアのアラスカ進出は**不凍港獲得**を柱とする膨張主義政策の一環であり、アラスカ自体への執着はなかった。彼らが欲《ほっ》したのはさまざまな可能性の考えられる北緯五四度以南の土地で、アラスカはそこへ進出するための足場としかみていなかった。

雪と氷に包まれた期待できない土地？

ロシアの対岸進出はバルカン半島やカフカス、中央アジアでも進められており、北米大陸への進出はそれらに比べると優先順位が低かった。帝国の中心から遠いうえ、自然環境が厳しく、その土地自体からは毛皮以外得るものがないなど、防衛コストの高さに見合わない「凍結資産」と見なされていたからである。

近い将来に想定されるイギリスとの戦いに備えるためにも、ロシアでは軍事費の効率的運用が急務とされた。英米の毛皮商人の参入により、ロシア・アメリカ会社が業績不振に陥ったこともあって、アラスカを手放すことに異論を唱える者もなくなっていた。

アラスカをどこの国に売却するか。仮想敵国であるイギリスが問題外とすれば、候補はアメリカしかなかった。

当時のアメリカは、**南北戦争**の最中で、連邦政府に対し友好的であったロシア皇帝の申し出をむげにはできないとの思いがあった。そのため七二〇万ドルでの買収に応じたのである。同じ年の連邦政府予算支出が三億五七〇〇万ドルであるから、大きな買い物というわけでもなかった。

しかし、野党勢力や世論の考えは違った。当時の人びとからすれば、アラスカはただ雪と氷に包まれた世界でしかなかった。いくら広くても、居住環境が厳しく、なおかつこれといった産業も期待できない土地では何にもならない。国家レベルで見れば安い買い物でも、一般庶民の感覚からすれば**無駄遣い**《むだづか》と受け止められるのも無理はなかった。

国中から大ブーイングが起こる中、最もやり玉に挙げられたのは買収交渉にあたったシューアード国務長官だった。このため、アラスカは「シューアードの冷凍庫」、買収劇は「シューアードの愚行」として揶揄《やゆ》されることとなった。

ところで、現在のアラスカはアメリカ国内に残された最後の開拓地とされ、**石油**の生産量はテキサス州に次《つ》ぎ全米で二番目とされている。**金**《きん》や**天然ガス**の宝庫としても知られ、これから先、**林業**や**漁業**などにおいても大きな成長が期待されている。

南北戦争の一番の争点はどこにあったか？

アメリカ史上最大の戦死者を出した戦争

アメリカ史上唯一の内戦である**南北戦争**は一八六一年に始まり、一八六五年四月に**南軍の降伏**をもって終結した。

南北戦争全体を通じ、北軍兵士として従軍した者約二〇〇万人、南軍のそれは約七〇万人に及んだが、射程距離の長い正確な施条《しじょう》つきライフルなど、殺傷力の高い武器の登場もあって、両軍の戦死者は合わせて六二万人以上にものぼった。これは二十世紀に起きた第一次世界大戦時の約十一万人、第二次世界大戦時の約三二万人を合わせたよりも、またアメリカが参戦したベトナム戦争以前の全対外戦争の戦死者の合計よりも多い数字だった。

戦死者の多さは開戦当初には予測できなかったのかもしれないが、それだけの犠牲者を出す結果となった内戦はなぜ、起きたのか。なぜ、回避できなかったのか。そもそも一番の争点はどこにあったのか。

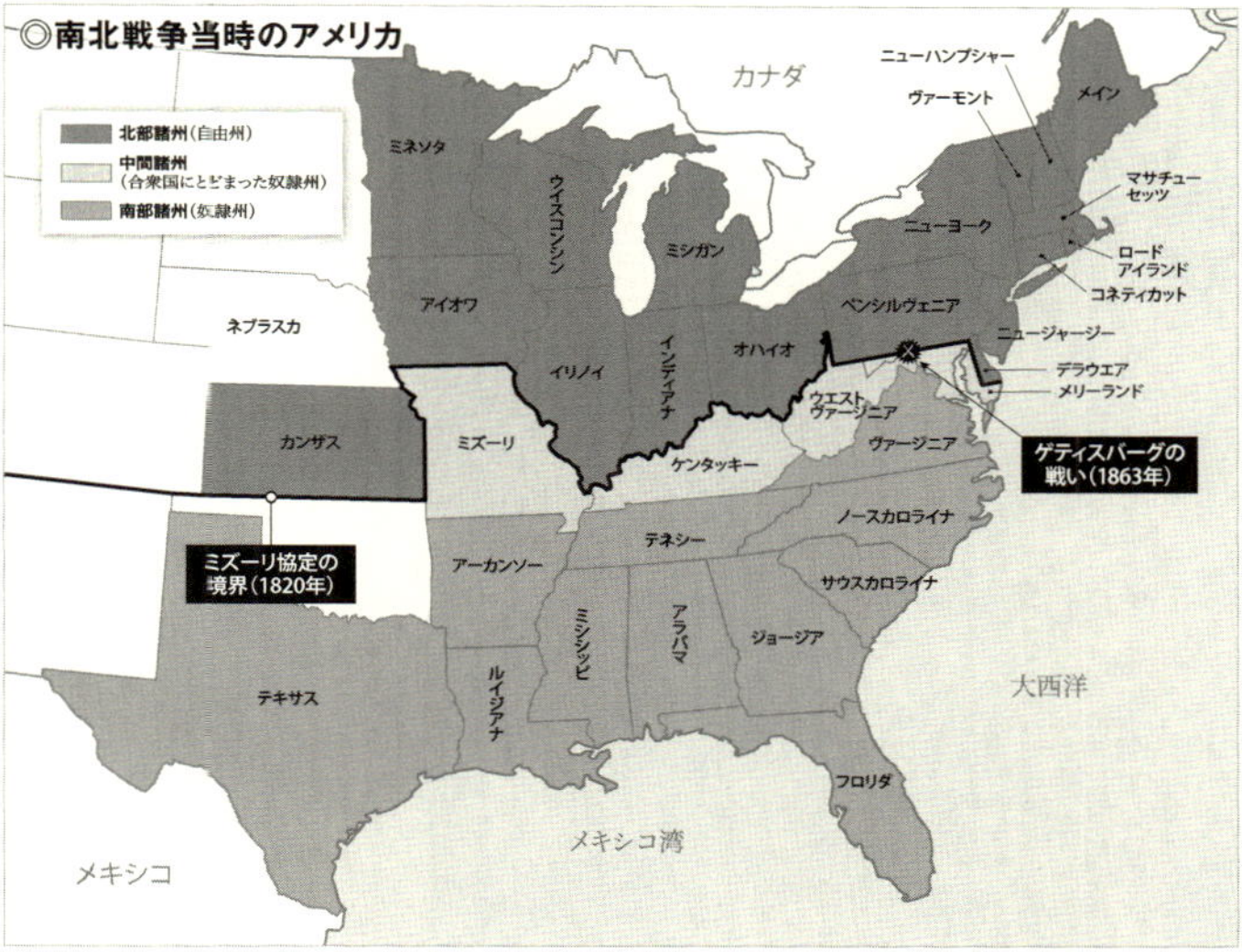

南北戦争の背景に**奴隷制度**を巡《めぐ》る対立があった。

しかし、北軍兵士は奴隷解放のために戦い、南軍兵士は奴隷制度存続のために戦ったかといえば、そうではなかった。事実、第十六代大統領となった**エイブラハム・リンカーン**からして、一八五四年十月の時点では奴隷解放および白人と黒人の平等化に反対の意向を、一八五七年六月の時点では人種分離を徹底するために黒人を国外のどこかに植民させるべきとの考えを示しており、また、一八六一年三月四日の大統領就任演説においても、「奴隷制が現存している諸州の奴隷制度に関しては、直接的にも間接的にも介入しない」との意向を表明していた。

北軍側であるリンカーンおよび連邦政府上層部がそうした考えを改めたのは、芳《かんば》しくない戦況を転換させるには黒人の積極的な参加、協力を不可欠と判断したためだった。かくして、一八六二年九月二二日に奴隷解放予備宣言が、翌年一月一日に正式な**奴隷解放宣言**が発せられると、北軍のもとに馳《は》せ参じる黒人が数多く現われ、最終的には約三七万人の黒人が兵士ないしは軍役労働者として連邦の勝利に貢献したのだった。

このような経緯からすれば、奴隷制度が一番の争点でなかったことは明白である。それでは、戦争に訴えなければならなかった理由は何だったのか。

それを説明するに、少し時間を遡《さかのぼ》らなければならない。

アメリカの黒人奴隷はこうして形成された

アメリカに最初の黒人奴隷が連れて来られたのは一六一九年のことだった。すでにブラジルやカリブ海の島々で実施されていた黒人奴隷制度を、ヴァージニア植民地が導入したことに始まり、先住民より身体強健なうえ、土地勘がないため逃亡の心配がないというので、十七世紀末までには、アメリカで奴隷といえば、もっぱらアフリカ系黒人を指すようになった。

一七九〇年に実施された初めての国勢調査によれば、アメリカの総人口三九三万人のうち黒人人口の占める割合は一九・三パーセント。七六万人いた黒人のうち、自由身分の者は六万人にすぎなかった。黒人奴隷の九割が南部に集中して、南部人口の四割をも占めていた。

奴隷をめぐる状況に変化をもたらしたのは**産業革命**と**交通革命**の進展だった。入植以来の人と人との絆《きずな》や道徳が失われる中、これに危機感を抱く者が増え、改革の機運が生じたのである。

具体的活動としては、日曜日安息の遵守《じゅんしゅ》、公教育制度の整備、平和運動、禁酒運動、女権運動、理想的な共同体の建設、決闘の禁止、刑務所の改善、精神病患者の待遇改善、負債者の投獄廃止などが挙げられ、奴隷制即時廃止運動もこの一環だった。

奴隷制度を巡っては奴隷制度に依存する南部と、それを必要としない北部で捉《とら》え方の隔《へだ》たりが大きく、奴隷制度を廃止した州は**自由州**、存続させている州は**奴隷州**と呼ばれ、一八二〇年にはそれぞれ十二州、一八四〇年代後半にはそれぞれ十五州と、州の数を均衡させることで破局の回避に努めていた。

奴隷解放論も一枚岩ではなく、奴隷の即時・無償・全面解放を唱える即時主義もあれば、斬新的《ざんしんてき》な解放である奴隷主への経済的な補償、解放奴隷の国外への植民を唱える斬新主義もあった。

後者の運動はアメリカ植民協会という団体によって担《にな》われ、一八二二年には西アフリカでの町の建設および入植というかたちで結実した。

このとき築かれた町は、時のアメリカ大統領モンローの名にちなんでモンロビアと命名され、一八四七年にモンロビアを首都として築かれた国家は、「自由」を意味するリバティの語を借りて、リベリアと命名された。

だが、リベリアに移住したのはアメリカと西インド諸島の自由身分の黒人だけで、奴隷制度を解決するものとはならなかった。

北部と南部の争点の違いとは

アメリカの南北間には奴隷制度以外にもいくつかの争点があった。貿易に関していえば、産業資本の社会がすでに成熟の域に達していた北部ではイギリスに対する**保護関税政策**が望まれたのに対し、綿花をイギリスその他のヨーロッパ諸国に輸出する南部では自

南北の対立点

北部

産業	**資本主義的商工業**
貿易政策	**保護貿易**
奴隷制度	**反対**
政体・政党	**連邦主義=中央集権**
州数・人口	**18州（自由州） 約2,200万人**

VS

南部

産業	**プランテーション（大農園）（綿花）**
貿易政策	**自由貿易**
奴隷制度	**賛成**
政体・政党	**州権主義=各州自治**
州数・人口	**15州（奴隷州） 約900万人（奴隷約約360万人）**

由貿易政策が支持されていた。国家体制については、北部では**中央集権国家**が望まれたのに対し、南部では各州自治を重んじる**反連邦政府**の考えが強かった。銀行制度や内地開発、公有地の処分などを巡っても、北部と南部、**自由州**と**奴隷州**の考え方の相違は大きく、妥協を重ねるにも限度があった。

　ゴールド・ラッシュが始まってからは、新設された西部諸州を南北どちらが取り込むかの争いが激しさを増した。ここでも妥協が重ねられたが、奴隷制度の可否を住民自身に決定させるとする一八五四年の**カンザス・ネブラスカ法**の成立、および奴隷に自然権の適用は認められず、あくまで奴隷主の動産財産であるとした一八五七年のドレッド・スコット判決などが、南北相互の敵対感情を高めることとなった。

奴隷制度の廃止は、あくまで副次的な争点だった。ただし、相手をやり込める際も言葉としては使い勝手がよく、敵対感情の高まりに伴い、一番の争点であるかのような様相も現われていた。

一八六〇年の大統領で共和党のリンカーンが当選すると、危機感を募《つの》らせた南部の七州が連邦からの離脱と南部連合の結成を宣言するが、これは連邦政府にとって容認できないことだった。

アメリカが二つの国家に分裂すれば、国力の大幅な低下は免《まぬが》れない。そうなればヨーロッパ列強に対抗できず、最悪の場合、イギリスに**再植民地化**される怖れもあった。それを避けるには武力を行使してでも、連邦からの離脱を撤回させるしかなかった。かくしてアメリカは史上初の内戦へと突入したのだった。

奴隷解放で何が変わったか？

結果的にまた縛られることになった黒人奴隷

南北戦争が終結した一八六五年の十二月、**奴隷制度の全面的廃止**を盛り込んだ憲法修正第十三条が発効された。翌年六月に可決された憲法修正第十四条には、解放された黒人に市民権を与え、生命・自由・財産を保障すること、一八七〇年三月に発効された憲法修正第十五条には、黒人男性に選挙権を保障することも謳われた。

しかし、これらは黒人たちの幸福を約束するものではなかった。教育も財産もない状態で自由競争の場に立たされた彼らにできることは限られていた。選ばれて議員になる者、行政職などの官職に就く者もいたが、それは一握りにすぎず、大半の解放黒人は改めてプランテーションで働くしかなかった。

雇用形態としては、黒人が農園主から小区画に分割された大農園を農機具や種子、肥料、住居などとともに借り受け、農園主に収穫の一定量を支払うシェアクロッピング方式が採《と》られたが、綿花価格が長期低落を続けていたことから、期待したほどの収益が得られず、多くの黒人たちは生活必需品を農園主が経営する商店から利子付きの買い掛けで購入するしかなかった。

次の年も同じ状況であれば、借金を重ねるしかなく、それがさらに続けば、ついには収穫前の作物を抵当に入れるしかなくなる。何のことはない。多くの黒人が再び特定の農園主に縛りつけられるようになったのである。奴隷のときと違うのは、家族単位で生活できるようになったことくらいのもので、**移動の自由**は認められていたが、借金のある状態でそれをすれば犯罪者として追われることになる。よほどの覚悟でもない限りはそこまでできず、ほとんどの黒人は貧しい小作人の地位に甘んじるしかなかったのだった。

黒人に不利益な法制が次々可決される

黒人をめぐる状況は法制面でも悪化した。一八七七年四月、南部からの連邦軍の撤収が完了するに伴い、南部諸州の巻き返しが本格化したのである。

一八八一年、テネシー州で列車内における白人と黒人の分離が定められたのを口火として、南部の諸州で同様の動きが相次いだ。すでに北部では一時の熱狂が消え失せ、黒人にはもう十分なことをしてやったとの空気が支配的となっていたことから、南部の動きに目立った反応を示す者も少なく、一八八三年には最高裁において、黒人の公民権を認めた憲法修正第十四条よりも各州の権限が優先するとの判決が下される事態となった。

状況の悪化はこれにとどまらず、一八九〇年にはミシシッピの州憲法で、選挙権の行使に必要な条件として居住資格、人頭税の納入、州憲法の一部を読解する能力が加えられた。これだけでは、白人の貧困層や読み書きのできない者も含まれてしまうため、追って、「祖父が投票権を有した者のみ投票権を有する」との条項も加えられた。

南部の攻勢はさらに続き、一八九六年には最高裁で、「**分離すれども平等**」との判決が下された。白人と黒人の分離をすることは自然権の侵害にはあたらないとするもので、これにより、学校や裁判所から鉄道、ホテル、レストラン、劇場にいたるあらゆる公共施設において、厳密な人種の分離が制度化されることになった。人種の分離を定めた法令はジム・クロー法と総称され、一九五四年に違憲判決が下《くだ》されるまで効力を保ち続けた。

人種の分離が制度化されるのと並行して、**クー・クラックス・クラン**（ＫＫＫ）をはじめとする白人至上主義団体によるリンチ殺人が頻発した。それが最高潮に達した一八九二年には、全米で二五五人もの命が奪われており、一八八五年から一九三〇年の州別統計では、ジョージア州の四五七人が一番で、これにミシシッピ州の四四九人、テキサス州の三四五人が続いている。

当時のリンチ殺人は人目を避けて行なうのではなく、広く告知をして、多くの見物人を集めたうえで行なわれることも珍しくなかった。見物人の中には普通の女性や子供も混ざっていた。彼らは歓声や笑い声をあげながら見物を楽しみ、記念として心臓や肝臓の薄切りを持ち帰るのを常としていた。

先住民にも強いられた悪法と思想

逆境にあったのは先住民も同じだった。一八八六年に**アパッチ族**の**ジェロニモ**が降伏したのを最後に武力で抵抗するだけの力も失われ、古来の居住地に比べれば格段と狭い保留地という名の空間に封じ込められた。

保留地は砂漠と荒野と山岳に大半を占められる土地であったが、それさえも安泰ではなく、一八八二年二月には、**ドーズ法**と通称される先住民一般土地割当法が成立した。先住民の伝統的な共同体所有権を解体して個別の家長に分与し、彼らに市民権を与えるというものであったが、意図するところは、先住民から白人へと、合法的に土地の所有権を移させることにあった。

はたして、先住民は次々と土地を手放し、保留地の面積はみるみる減少。一九三四年までにドーズ法成立時の三分の一にまでに狭められていた。

一連の土地収奪の背後には、営利業者による強い後押しに加え、「**先住民の友たち**」を自称した白人改革家や博愛主義的議員、現在でいうところの人道主義者からの働きかけもあった。

彼ら「先住民の友たち」からすれば、先住民を敬虔《けいけん》なキリスト教信者にして自営農民に改造すること、すなわち白人社会に同化させることは善行に他ならなかった。キリスト教が唯一魂を救済する道であることと白人文明の優越を真理と信じ、寸毫《すんごう》も疑ってはいなかったのである。

ところで、**南北戦争**では**自由貿易**か**保護貿易**かが大きな争点の一つで、保護貿易を求める北軍の勝利に終わったわけだが、その後のアメリカは経済の状況しだいで自由貿易に堅持した時期もあれば保護貿易に走る時期もあった。貿易摩擦《まさつ》が生じたときには、恐喝《きょうかつ》ともいうべきなりふり構わない姿勢をとることもあった。

旧移民と新移民の違いはどこにあるか？

経済的・政治的な理由からアメリカへ渡った移民たち

移民国家の代表格とされるアメリカ。独立が達成された時すでに、**イングランド**からの移民が白人人口の六〇パーセントを占めながらも、**アイルランド**出身者が七・八パーセント、**ドイツ**諸邦出身者が七・〇パーセント、**スコットランド**出身者が六・六パーセント、**オランダ**出身者が二・六パーセント、フランス出身者が一・四パーセントと、多様な人口構成をなしていた。

イギリス本土である大ブリテン島からの移住はその後も続き、一八二〇年から一八九〇年の七〇年間に計二七〇万人を記録した。

これと同時期、大ブリテン島以外からアメリカを目指す傾向も強まっていた。ドイツとアイルランドを中心とする西欧・北欧からの移民で、アメリカの歴史のうえでは旧移民と総称される。

ドイツ諸邦では一八世紀にジャガイモ栽培が導入されてから人口が急増したが、受け皿となる産業が未発達であったことから、慢性的に人口流出が生じていた。移住先としては南米という選択肢もあったが、それよりも環境に恵まれていそうなアメリカの人気が高く、先に挙げた七〇年間に計四四〇万人を記録した。

ドイツの場合、すべての移民が**経済的な理由**というわけではなく、一八四八年の三月革命の失敗により、**政治的な理由**でアメリカに渡った者も多く、彼らはその経緯から**フォーティーエイターズ**（四八年組）」と呼ばれていた。

一方のアイルランド発の移民はもっぱら経済的な理由に拠っていた。ドイツ以上に土地が悪く、住民の三分の一以上が食糧を**ジャガイモ**に頼る生活に送っていた。それだけにジャガイモが凶作に見舞われれば万事休す。むざむざ餓死するよりはましというので、海外移住の波が断続的に続いたのである。

中でも最大の被害が生じたのは一八四五年に始まる**大飢饉**《だいききん》で、それから五年間、ジャガイモがほとんど収穫できなかったことから、大飢饉の発生から八年間に一二五万人のアイルランド人がアメリカに移住することとなった。大飢饉前の三〇年間にも八五万人がアメリカに渡っているが、これらはアイルランドから直接アメリカを目指した者の数で、いったんはイングランドやスコットランドに渡りながら、そこでも生活が成り立たないことから、改めてアメリカを目指した者も相当数いたと考えられる。このため、現在アメリカでは、アイルランド系と称する人の数が三〇〇〇万人とも五〇〇〇万人ともいわれている。

イタリア、ポーランドからの移民も急増

十九世紀の中盤以降、移民の主な出身地に変化が生じた。**イタリアやポーランド**など、南欧・東欧の出身者が増え始めたのである。

イタリアといっても、そのほとんどがイタリア半島南部かシチリア島出身者だった。農業以外にこれといった産業がなかったことから、一八六一年のイタリア統一を境《さかい》に加速した工業化の流れからとり残され、移住ないしは出稼ぎに行くしかなくなったのである。行き先として、十九世紀中はアルゼンチンとブラジルが主流であったが、二十世紀初頭にはアメリカを目指す者の数が上まわるようになった。一八九九年から一九二四年の間にアメリカへ移住したイタリア出身者は三八〇万人に及んだ。

一方のポーランドはプロイセンとオーストリア、ロシアによる分割で、一八世紀末には国家を消滅させられていた。一八六三年一月、ロシアに対する武装蜂起が失敗に終わると、

弾圧を逃れるために多くの活動家が西欧やアメリカに移住し、右に挙げた四半世紀でその数は一五〇万人に及んだ。

なぜか新移民の範疇《はんちゅう》から外《はず》されてはいるが、これとほぼ重なる時期、ロシア・東欧からアメリカに移住した**ユダヤ人**も少なくなかった。ロシアでは一八八一年を最初として、ユダヤ人に対する**ポグロム**（集団殺戮）が繰り返されていた。当時はパレスチナに民族国家を築くなど、まったくの夢物語と考えられていたことから、ほとんどのユダヤ人がアメリカを目指し、一八八一年から一九一四年までにその数は三〇〇万人にも及んだ。

だが、いくら広大な面積をもつアメリカとはいえ、土地も雇用も無限ではない。農地に適した土地が人でいっぱいになってしまえば、後続の移民は都市部を目指すしかなくなる。このため、シカゴやボストンの建設現場といえばドイツ人かアイルランド人、ニューヨークで行商人といえばイタリア人かユダヤ人というように、地域や出身地ごとに職業の住み分けが自然に生じたのだった。

WASPに排斥された中国系移民

自由と平等の国とはいいながら、アメリカ社会をリードするのがWASP《ワスプ》であることは暗黙の了解事項だった。

ＷＡＳＰとは何か。アメリカ建国時、住民の過半数はイングランド出身者によって占められ、分離派や国教会といった違いこそあれ、ほとんどプロテスタントであることに変わりがなかった。

歴史を顧みれば、イングランドを統治する者は謎のベールに包まれた先住民からケルト系民族、ゲルマン系のアングロ・サクソン人、北欧ヴァイキングの一派であるデーン人、同じくノルマン人と移ろっていったが、民族移動の波が収まったときには、アングロ・サクソン人の言語を柱としながら、ラテン文化に染まったノルマン人の影響も色濃い独特の白人社会が形成され、一六世紀の宗教改革を経て、その多くがカトリックからプロテスタントに転向していた。その中から改革内容に不満を抱く者たちは理想とする社会建設のため、経済的苦境に立たされていた者たちは少しでもましな生活を求めて北米大陸に渡ったわけだが、先着のうえ、多数派でもあったことから、彼らは一様に自分たちの優越を当然視していた。彼らこそがＷＡＳＰである。つまり、アングロ・サクソン系でプロテスタントを信仰する白人こそが主人であり、他の移民はそれに同化しなければならない。信仰は変えなくてもよいから、きちんと英語を修得して合衆国憲法に従順であれというのがＷＡＳＰ

の基本姿勢だった。

このような背景があるから、アメリカ経済の成長が鈍化《どんか》し、移民規制が開始されたとき、どういう順番で排除が進むか、観察力の鋭い人間あれば十分予測ができた。

最初の移民規制法が制定されたのは一八七五年で、対象は売春婦と犯罪者だった。一八八二年には精神障害者および公共の負担となるような者すべて、一八九一年には一夫多妻者、伝染病患者、反道徳的な前科のある者、一九〇三年には外国人無政府主義者、一九一七年には両親に伴われない十六歳以下の子供の入国が禁止された。一八八五年には渡航費の前貸しによる外国人契約労働者の募集が禁止となり、一八九二年からは入国管理が連邦政府のもとで一元化されることになった。

こうした規制と並行して、特定の人種・民族を対象とした規制も実施された。対象となったのは**中国系移民**である。

中国系移民は**アイルランド系移民**とともに、アメリカ最初の大陸横断鉄道の建設で主役を務めた。ところが、一八六九年に鉄道が完成した後も、中国系の大半が母国に帰らず、炭鉱や都市部の建設業へと流れた。

これに反発したのが他の新移民たちである。低賃金の長時間労働を苦にしない中国系にどんどん仕事を奪われていく。このままでは身の破滅だというので、中国系と他の新移民との間に摩擦《まさつ》や衝突が生じるようになった。

人件費が安くすむのがよいが、秩序が壊れるのは困る。ＷＡＳＰたちがこのような判断にいたったことから、一八八二年には**中国系移民排斥法**が制定された。これは時限法であったが、一九〇二年には恒久法に切り替えられた。

日系移民の苦難の道

しかし、やはり経営者としては低賃金できつくても長時間働いてくれる労働者がありがたい。中国系が不可となれば、他をあたればよいというので、新たに日本人の移民労働者、いわゆる**日系移民**を奨励することにした。

日系移民の受け入れはすでに**ハワイ**で始まっており、**サトウキビ栽培**で実績を出していた。だからこそ本土からも招聘《しょうへい》がかかったのだろうが、日系移民を待ちうけていたのは歓迎の空気だけではなかった。

ヨーロッパ系の新移民からすれば、自分たちの仕事を奪う相手はすべて憎悪の対象だった。偏見をもった目には、日本人の習慣すべてが汚《けが》らわしく映《うつ》り、まだ日系移民の総数が数千人だった一八九〇年代から**排日運動**が始まることとなった。

二〇世紀に入ると、日系移民の急増や日露戦争に伴う**黄禍論**《おうかろん》の高まりなどもあって、排日運動は西海岸一帯に広がりをみせ、サンフランシスコでは日本人学童を一カ所に集中隔《かく》離《り》する措置《そち》がとられるなど、激しさも増していた。日本の林董《はやしただす》外相とアメリカのオブライエン駐日大使との話し合いにより、**日米紳士協約**が交わされ、日本側が移民の送り出しを自粛することで事態の沈静化が図られたが、その効果は一時的にすぎなかった。

日系移民の土地所有を制限ないしは禁止する州法の制定が相次ぐなど、排日運動が拡大をみせる中、とうとう一九二四年には日本人移民の全面的禁止を定めた新移民法が成立する。日本人をアメリカ社会へ同化させるのは不可能だとして、新規の移民が完全に禁止とされたのだった。

太平洋戦争が勃発したとき、在米日系人の約三分の二はアメリカ市民権を所持していたが、一九四二年二月、市民権の有無に関係なく、日系人は軍事的に危険のある存在であるとして、およそ一一万二〇〇〇人が内陸部の沙漠や山岳地帯の一〇カ所に設けられた強制収容所に強制移住させられた。ドイツ系とイタリア系移民にそのような措置は下《くだ》されていないから、差別感情が働いていたことは間違いなかった。これとは逆に中国系移民禁止法は撤廃されていた。

ただし、すべての日系人が隔離されたわけではなく、日系二世の男性で健康な者たちは戦場に駆り出された。日本語のできる者は太平洋、そうでない者はヨーロッパ戦線にである。ドイツのミュンヘン郊外にあったダッハウ強制収容所に一番乗りを果たし、生き残っていたユダヤ人たちを救出したのは日系二世からなる四四二連隊だった。

移民の規制といい、**マイノリティに対する迫害**といい、人間の自然権を侵す行為のように思えるが、この点に関しては、西部開拓期に培《つちか》われた「**力こそ正義**」との論理が優先された。法やルールは強い者がつくり、強い者が睨《にら》みをきかしてはじめて有効なのであって、力ある者と法に矛盾《むじゅん》が生じたときは、前者に従うべしというのが暗黙の了解だった。

ジャズ、ブルース、ゴスペル……と、続々誕生した新音楽

ブルース、ゴスペルはこうしてできた

人間ではないというので、当初の**白人社会**では**黒人奴隷**をキリスト教徒にすることに消極的だった。ところが、**第一次信仰復興運動**が盛んになる中、白人社会全体の意識も変わり、黒人の入信を拒《こば》まなくなった。ただし、同じ空間で祈りを捧《ささ》げることは受け入れられず、教派ごとに黒人のみの教会が設けられることになった。

それ以前、黒人たちは伝統的な信仰を維持していた。行動の縛《しば》りが弱まる深夜に集会を催し、呪術師《じゅじゅつし》の指導のもと、祈りや叫びを通して、陶酔状態に陥ることもしばしばあった。これにより、結束力と自尊心の維持を図《はか》ったのである。

この集会には音楽を伴うこともあり、男たちはアフリカの弦楽器を思わせる手製の楽器を演奏し、女たちはアフリカ伝統の身づくろいをして踊りに興じた。

黒人たちは、キリスト教に入信してからも伝統文化を捨てることなく、信仰と音楽の

融合を進めた。日曜日の礼拝に歌や踊りを取り入れるといったように。こうした動きが一八七〇年代の**黒人霊歌**や**カントリー・ブルース**、一九二〇年代の**ゴスペル・ソング**の誕生につながるのだった。

意外なところからついた「ジャズ」という名前

黒人の伝統音楽からは黒人霊歌やゴスペル・ソングとは違う系譜も生まれた。その舞台はルイジアナ州南東部、ミシシッピ川の河口近くに位置する港市**ニューオーリンズ**だった。一八世紀以来、ルイジアナの主《ぬし》はフランス、スペイン、フランス、アメリカと変遷した。そのため、スペイン領キューバやフランス領ハイチ出身の黒人もおり、彼らは独特の混合文化の担《にな》い手だった。それに加え、ニューオーリンズには**クレオール**という存在もあった。

元来、クレオールとは、アメリカ大陸生まれのフランス人とスペイン人を指す言葉であったが、のちには彼らと黒人との混血までも含めるようになった。一八〇三年、ルイジアナがアメリカに譲渡されると、大半のクレオールが同地を後にしたが、わずかながら残留を決めた者もいて、彼らはイギリス文化とラテン文化、黒人文化の三つに通じた、当時としては珍しいタイプの人びとだった。

ニューオーリンズはルイジアナの中心、水上交通の要《かなめ》であるばかりか、一八二〇年時点には、ニューヨーク、フィラデルフィア、ボルティモア、ボストンと並ぶ、全米五大都市の一つとなっていた。さまざまな人と文化が混ざり合うニューオーリンズは「詩と芸術の都」として、また「悪徳の市」としても名高かった。船乗りの集まるところには歓楽街がつきもので、そこにはギャンブルや売春だけでなく、ダンスのお供《とも》としての音楽も欠かせなかった。

まっとうな教育を受けた黒人がまだ少なかった当時、職探しに際して、音楽を生業《なりわい》とするのであれば比較的ハードルが低く、音楽を身体になじませながら育った彼らからすれば、とりあえずの就職先としてこの上なかった。

黒人だけでなく誰もが楽しめる音楽となれば、手製の弦楽器だけでは不足だったが、それを補《おぎな》ったのは、南北戦争に敗れた南軍音楽隊の楽器で、これであれば古道具屋で安く購入することができた。残された問題は、ほとんどの黒人が楽譜を読めず、楽器を力強く演奏するしかできなかったことである。彼らを一から指導して、一人前の楽隊へと育て上げたのが、クラッシック音楽の素養をもつクレオールたちだった。

かくして十九世紀末に誕生したのが**ジャズ**だが、当初は特別な名前はなかった。二〇世紀初頭、北部にも普及する中、シカゴのシラーズ・カフェという盛り場で、演奏が最高潮に達したとき、客の一人が、「ジャズ・イット・アップ」と声援を送った。「ジャズ」とはシカゴの暗黒街で使用されていた俗語で、わいせつな意味をもっていた。だが、そのとき演奏していた白人バンドのリーダーが気に入り、すぐさま採用したことをきっかけとして、ジャズの名がついたのだった。

ただし、ジャズの名が衆知されるまでには時間がかかり、一九三〇年年代後半には**スウィング・ミュージック**を通り名としていた。

アメリカン・ミュージカルは黒人を差別したショーから始まった

白人が黒人文化を受け入れる。十九世紀中には越えるのが難しい壁であったが、笑いにするなら問題ないとの発想からか、一八三〇年前後、ミンストレル・ショーというアメリカ独自のエンタテイメントが誕生した。

これは白人が焼きコルクで顔を黒く塗って黒人に扮し、おかしな会話や仕草、歌や踊りで観客を笑わせるというもので、その手法自体は**ブラック・フェイス**と呼ばれた。

黒人差別を露骨に表わしたショーではあったが、ここで試行錯誤された結果が世界に冠たるアメリカ現代ミュージカルの隆盛につながるのだった。

アメリカが経済大国になった理由――巨大資本の登場

生き残りをかけて大企業が誕生する

東部の十三州から始まったアメリカは十九世紀末までに、東は大西洋から西は太平洋に臨む大陸国家にまで拡大した。移民の流入が続き、労働力が不足することもない。好条件をいくつも兼ね備えていたことから、南北戦争後のアメリカは規模と質と速さの点で爆発的な工業化を経験する。それは第二次産業革命と呼んでもおかしくない現象だった。

一八六〇年から一九〇〇年の間にアメリカの工業投資額は十二倍、工業生産額は四倍に増加し、同じく急成長を遂げていたドイツ、さらには「世界の工場」の名を謳歌していたイギリスをも抜き去り、**世界一の工業国**へと躍進した。

しかし、すべてが順調であったわけでなく、躍進の代価としてつきつけられたのが、**極端な格差社会**とほぼ十年に一度の周期で到来する**不景気**だった。

当然の帰結として、経営者たちは生き残りをかけた熾烈《しれつ》な競争を展開した。消費が伸びない中で利益を確保するには原価を抑《おさ》えるしかなく、そのためには生産の効率化が必要となる。具体的には、生産の分業化、部品の標準化・互換化、生産だけでなく原材料の管理や商品の販売まで手掛けるといった手法が考えられた。

これらの改革を実行に移す過程で生じたのは、生産や価格などについて複数の企業が協定を結ぶプール、複数の企業の株式を一つの会社に集中して所有させるトラストや「**持ち株会社**」といった組織形態で、そこに誕生したのは従来の常識を超える**巨大企業**の数々だった。

連邦政府は一八九〇年に反トラスト法というアメリカ版の独占禁止法を制定するが、大した効果をあげることはできず、十九世紀末には全米企業のわずか一パーセントが全製品の三三パーセントを占める**寡占状態**《かせん》が生じていた。

アメリカン・ドリームを体現したカーネギーとロックフェラー

この時期の勝ち組の筆頭格が、「**アメリカの鉄鋼王**」の異名をもつ**アンドリュー・カーネギー**である。親兄弟とともにスコットランドから移住してきたときは極貧《ごくひん》状態だった。十三歳のときにボイラー焚《だ》きとして働き始め、電信会社のメッセンジャー・ボーイなどを

▲アメリカの鉄鋼王カーネギー（左）と石油王ロックフェラー

経て、鉄道会社で働いていたとき、上司に認められて地区の監督に抜擢《ばってき》される。それからも必死に働いて資金を稼《かせ》ぎ、南北戦争の最中には鉄鋼業に投資して、次なるステップの基礎を築く。誰よりも早くイギリスから最新式の製鋼法を導入して、一八七五年には自身の製鉄工場を完成させた。

その後は他の製鉄会社を買収することによってのし上がり、一九〇一年にはUSスティール会社を設立させ、アメリカの鉄鋼生産の六〇パーセントを占めた時点で現役を引退。カーネギー工科大学やカーネギー財団を設立して社会貢献に努めるなど、余生を慈善活動に捧げたことで、後世の手本となった。貧しい少年から努力して大企業家となり、莫大な財を築くというアメリカン・ドリームの典型的な体現者でもある。

カーネギーより四歳年下の**ジョン・ロックフェラー**も同じくアメリカン・ドリームの体現者で、こちらは「**アメリカの石油王**」と呼ばれた。現在のメジャー（国際石油資本）六社の一つ、エクソンモービルは彼が一八七〇年に設立したスタンダード・オイル社の流れを汲《く》んでいる。シカゴ大学やロックフェラー財団を創立するなど、彼も晩年を社会貢献に捧げていた。

戦う労働者のパワーは失われず

カーネギーとロックフェラーはアメリカン・ドリームの体現者ではあるが、企業間の競争においては冷酷無比で、弱肉強食の体現者でもあった。

格差社会で泣かされたのは一般の労働者も同じだが、彼らもやられ放題だったわけではなく、**組合**を組織し、**ストライキ**や**ボイコット**に訴えるなど、精一杯の抵抗を示していた。

八時間労働制と男女平等賃金の要求が退《しりぞ》けられるだけでなく、賃金の切り下げなども強行される中、一八七七年には鉄道労働者たちによる大規模なストライキが起こされるが、警察では抑えられないとみた連邦政府が州兵やピンカートン探偵社の私兵に加え、連邦軍の投入にまで踏み切ったことから、多くの死傷者を出しながら、労働運動は一時沈黙させられた。

一八八〇年代に入ると、**労働騎士団**という名の労働組合のもとで労働運動全体が息を吹き返す。その要求には八時間労働制や賃上げから職場の自主管理、西部での土地獲得までが含まれていた。

一八八六年には七〇万人の組合員を擁するまで拡大を遂げた労働騎士団だったが、同年五月の抗議集会において爆破物を使用した咎《とが》を受けたことで、一気に勢力を失墜させた。

その後を引き受けるかたちとなったのが、労働騎士団から脱退したタバコ労働組合の指導者サミュエル・ゴンパーツによって結成された**アメリカ労働総同盟・産業別労働組合会議**（ＡＦＬ）だった。

労働騎士団が地域別組合を全国組織化したものであったのに対し、ＡＦＬは産業別組合を全国組織化したもので、掲げた要求も労働条件の改善に特化されていた。労働者階級の究極的解放のような社会主義色を一切排したその路線は、**ビジネス・ユニオイズム**または「純粋で単純な組合運動」などとも呼ばれている。

freedom in its hour of《〜のとき》 maximum《最大限の》 danger《危機》.

⑧ I do not shrink《ひるむ》 from this responsibility《責任》 --- I welcome《〜を歓迎する》 it.

⑨ I do not believe that any of us would exchange《とり換える》 places with any other people or any other generation.

⑩ The energy《活力》, the faith《誠意》, the devotion《献身》 which we bring to this endeavor《努力》 will light《明るくする》 our country and all who serve《仕える》 it --- and the glow《輝き》 from that fire can truly light the world.

⑪ And so, my fellow Americans: **ask《〜を問え》 not《〜ではなく》 what your country《国》 can do for《〜のために》 you --- ask what you can do for your country.**

⑫ My fellow citizens of the world: ask not what America will do for you, but what together we can do for the freedom of man.

⑬ Finally《最後に》, whether《〜であれ―であれ》 you are citizens of America or citizens of the world, ask of us here the same《同じ》 high standards《水準》 of strength《強さ》 and sacrifice《犠牲》 which we ask of you.

☞日本語訳は142ページにあります。

COLUMN PRESIDENTIAL ADDRESSES, SPEECHES

Inaugural《就任の》 Address《演説》 of John F. Kennedy《ジョン・F・ケネディ》 (extract《抜粋》)

① Let《～しよう》 the word go forth《送る》 from this time and place, to friend and foe《敵》 alike《同じように》,

② that《それはつまり～》 the torch《たいまつ》 has been passed《渡す》 to a new generation《世代》 of Americans

③ --- born in this century《世紀》, tempered《鍛えられた》 by war, disciplined《躾けられた》 by a hard and bitter《厳しい》 peace《平和》, proud of《～に誇りをもった》 our ancient《古くからの》 heritage《遺産》

④ --- and unwilling to《～することを快く思っていない》 witness《目撃する》 or permit《許す》 the slow《ゆっくりとした》 undoing《なされないこと》 of those human《人間の》 rights《権利》 to which this Nation《国》 has always been committed《委ねられる》, and to which we are committed today at home《自国で》 and around the world《全世界で》.

[…]

⑤ But let us begin《始める》.

⑥ In your hands, my fellow《同胞》 citizens《国民》, more than《～というよりも》 mine, will rest《残す》 the final《最後の》 success《成功》 or failure《失敗》 of our course《やり方・方針》.

[…]

⑦ In the long history《歴史》 of the world, only a few generations have been granted《与えられる》 the role《役割》 of defending《守ること》

コラム　アメリカ大統領演説〈日本語訳〉……… 4

ジョン・F・ケネディ大統領の就任演説（抜粋）

①今このとき、この場所から友人へ、そして等しく敵へ言葉を送ろうではないか。

②つまり、たいまつがアメリカの若い世代の人たちに渡されたということをである。

③この世紀に生まれ、戦争によって鍛《きた》えられ、つらく厳しい平和によって躾《しつ》けられて、古くからの遺産に誇りをもった者たちにである。

④そして、この国がつねに身を委《ゆだ》ね、われわれが今日身を委ねている人間の諸権利が、自国においても全世界においても、いつまでも実現しないことを快く思わず目撃して許してきた世代にである。

（中略）

⑤とはいえ、**始めようではないか**。

⑥われわれの方針の最終的な成功ないし失敗は、私の手の中というより、国民の皆さんであるあなた方の手の中に残されることだろう。

（中略）

⑦世界の長い歴史において、最大の危機にさらされた時代において、ほんのわずかな世代しか、自由を防衛する役割を担《にな》ってはこなかったのである。

⑧私はこの責任に臆《おく》することはない。むしろ、歓迎する。

⑨われわれの誰もがほかの国民、ほかの世代の人たちと代わりたがっていることなど、私は信じない。

⑩われわれがこのとり組みに注《そそ》ぐエネルギー、誠実さ、献身が、われわれの国とこのとり組みに関わるすべての人を明るく照らすだろうし、またその灯火の輝きは真に世界を照らすことになるだろう。

⑪だからこそ、わがアメリカ国民の皆さんは、**あなたの国があなたに何ができるのかを問うのではなく、あなたがあなたの国に何ができるのかを問いなさい**。

⑫世界の中のわが国民の皆さん、アメリカがあなたに何をしようとするのかではなく、われわれが共に人類の自由のために何ができるのかを問いなさい。最後に、あなたがアメリカ国民であろうと世界の中の国民であろうと、われわれがあなたに求める高い水準の強靭《きょうじん》さと犠牲《ぎせい》と同じものを、ここにいるわれわれにも求めてください。

第4章

アメリカの世紀

フロンティア・ラインの消滅宣言

フロンティアが国内から海外へ

一九世紀末、**西部開拓**の名で呼ばれた先住民からの土地の収奪および白人への再分配作業は終わりを迎えようとしていた。一八九〇年の国勢調査では、「未開と文明の境界線である**フロンティア・ライン**を、国土を貫《つらぬ》いて引くことができなくなった」との文言《もんごん》が盛られ、これを受けて一八九三年に発表された歴史学者フォレデリック・ジャクソン・ターナーの『アメリカ史におけるフロンティアの意義』と題する論文の中では、「今や、アメリカの発見から四世紀が経《た》ち、憲法制定後一〇〇年の生活を過ごした今日、フロンティアは過ぎ去り、それとともにアメリカ史の最初の時代が終わったのである」との考えが示された。

フロンティアの存在がアメリカの**民主主義**と**国民性**を育《はぐく》んできたとするのがターナーの捉《とら》え方で、使い捨ての文化や楽天主義、反知性主義な価値観についても同じことがいえるという。

だが、急速な西部の開拓と工業化は万人の幸福につながったわけではなく、先住民は惨《みじ》めな境遇に置かれ、白人社会では格差の拡大に歯止めがかからなかった。

何か妙案はないものか。政府高官たちが頭を悩ます中、海軍の軍人たちから思いもよらない案が示された。**陸のフロンティア**が失われたのなら、**海のフロンティア**を求めてはどうか。すなわち、海外市場への進出を促《うなが》したわけで、この案が受け入れられると、早速、海軍の増強が着手されたのだった。

「白人の責務」の名のもと、カリブ海から太平洋まで領土を拡大

アメリカが最初に目をつけたのは、スペイン植民地の**キューバ**と**フィリピン**だった。当時のスペインは列強の中では非力な部類に属し、キューバでもフィリピンでも大規模な反乱が展開されていて、これに乗じない手はなかった。

一八九八年二月、キューバのバハマ港でアメリカの戦艦メイン号が爆破・沈没させられる事件が起きた。アメリカはこれをスペインの仕業《しわざ》として、翌月末、スペインに対し最後通牒《つうちょう》をつきつけた。その後の交渉が不調に終わったことから、同年四月、アメリカはスペインに対して宣戦を布告。米西戦争が開始されたのだった。

これより六週間前、香港《ホンコン》で待機していたアジア艦隊司令官のジョージ・デューイは**マニラ**の奪取を命じられ、五月にはスペイン海軍との海戦に勝利し、八月にはマニラの占領に成功していた。キューバでの戦闘も順調に運び、アメリはキューバばかりか、**プエルトリコ**をも占領下に置いた。

スペインが早々に白旗を掲げたことから、同年十二月にはパリ講和条約が締結され、スペインはキューバの放棄とプエルトリコおよび**グアム島**、フィリピンのアメリカへの割譲《かつじょう》を承認させられた。同じ年、アメリカ議会でハワイの併合が承認されたことから、アメリカはたちまちにしてカリブ海から太平洋にまで領土を拡げることにもなったが、このような政策はモンロー主義に反するようにみえるが、そのあたりの整合性はどうなされたのか。モンロー主義は放棄されたのだろうか。

この点に関しては曖昧《あいまい》なまま捨ておかれ、「**白人の責務**」という言葉で説明された。入植開始当初からの選民思想に少し手を加えたもので、圧政に苦しむ有色人種の解放と彼らを文明化することは自分たちに課せられた使命であり、そのためにはヨーロッパ列強との戦争も辞さないという論理が、激しい反対運動に直面しながらも、半《なか》ば強引に押し通されたのだった。

中国大陸にまで伸びるアメリカの海外進出

太平洋方面で、アメリカの眼差《まなざ》しはハワイとフィリピンのさらに先に向けられていた。南北戦争の影響でほとんど休止状態にあった清《しん》王朝統治下の**中国大陸**に対する進出を再開させようというのである。当時の中国の人口は約四億人。それだけの巨大市場に参画《さんかく》しない手はなかった。

しかし、**ヨーロッパ諸国**や**日本**が数歩先を行き、租借地《そしゃくち》や勢力範囲を獲得している状況では、アメリカの不利は免《まぬが》れなかった。

焦《あせ》りを感じていたのは**イギリス**も同様だった。香港を植民地とし、上海《シャンハイ》や漢口《かんこう》などに租界を設《もう》け、長江《ちょうこう》流域には巨大な権益を築いていたが、華北《かほく》ではこれといった勢力範囲をまだ築けていなかった。そんなイギリスにとって一番の心配は**ロシア**の動向で、陸続きの極東シベリアからなら、いざというときイギリスより早く軍をさし向けることができる。牽《けん》制《せい》をしたいところだが、自分たちはすでに長江流域に権益を確保している関係上、声高《こわだか》な主張をしても他国の同調を得られない。そこで思いついたのが、アメリカに代弁させるというやり方だった。

英米双方の利害が一致したことから、一八九九年と翌年の二回にわたり、アメリカのへイ国務長官によって、門戸《もんこ》開放を訴える通牒が諸列強に対して発せられた。それは、列強の勢力範囲内でも通商上の平等の権利を認めること、および中国の領土的・行政的保全の尊重を求める内容だった。

アメリカは各国から同意を得られたと公言したが、実のところ、ロシアはそれをはねつけ、のちには日本も、地理的な要因により、自国は特殊な権益を有すると論調を改めていた。中国市場をめぐる各国の駆け引きはその後も断続的に続けられ、決着のつかないまま第二次世界大戦を迎えるのだった。

T型フォードの発売に始まる大量生産・大量消費の時代

雑誌がカギを握った大量生産・大量消費の成否

大量生産、**大量消費**社会の到来。十九世紀にはすでにその萌芽《ほうが》が現われていた。工業化と熾烈《しれつ》な競争が展開されれば、結局のところ、そうならざるをえないのである。

品質を落とすことなく商品の価格を抑えるには原価を切り詰めるしかない。製造費用の削減《さくげん》に限界があるなら、同じ商品をたくさん造ることにより、一個あたりの原価を下げるやり方をとるしかない。

これで原価は下がるが、今度はどうやって大量販売を実現させるかが問題となる。この点を打開するには従来の流通システムを打破するしかなかった。

従来であれば、客が購入をする場所は地域に根づいた小売業者に限られ、そこでは小売業者に勧められるままに買うか、味や品質を十分吟味したうえで必要な分量だけ買うということが行なわれていた。

そこで売られる商品には**全国展開**しているものなど、存在しない。野菜にしても加工品にしても衣料品にしても、地元の生産者によるので、いわゆる「生産者の顔が見える」状況にあった。

大量生産で利益を得ようという業者にはどうしても全国展開をする必要があり、そのためには会社と自社製品を衆知のものとし、味見をしなくても買ってもらえるシステムを作り出す必要があった。そこで利用されたのが、当時爆発的に売り上げを伸ばしていた定期刊行物、いわゆる**雑誌**だった。

出版社の側としても大衆化路線を歩み始めたばかりで、販売価格を抑えるには**広告収入**を増やすしかなかった。かくして双方の利害が一致したことから、目を引く広告の散りばめられた雑誌が氾濫するようになったのである。

売り文句としては、「最良の」、「最も安全な」などというのは時代錯誤《さくご》で、特定の商品の購入が社会的な地位や洗練の度合い、品位や生活水準の証明となると強調するものこそが時宜《じぎ》に適《かな》っていた。人間の虚栄心に訴える**販売戦略**ともいえる。

ちなみに、一九世紀末以降のアメリカでは、『ワールド』や『ニューヨーク・ジャーナル』といった、部数および利潤の拡大を至上目的とし、スキャンダルやセンセーショナリズムを売りにするジャーナリズムが盛況を極めていた。ジャーナリズムの大衆化に大きく貢献した半面、『サン』をはじめとする高級紙からはイエロー・ジャーナリズムと蔑《さげす》まれていた。

「自動車の民主化」をかなえたフォード

自動車の分野で最初に成功を収めたのは**ヘンリー・フォード**だった。それまで大富豪しか入手できなかった自動車を誰もが購入できるようにするにはどうしたらよいか。そのために彼が確立した経営管理方式は「フォード・システム」と呼ばれている。

低価格の自動車を製造するには大量生産をするしかないが、このフォード・システムには二つの原則があった。

一つは、「もし避けることができるならば、一歩以上歩んではならない」

もう一つは、「決して体をかがめる必要はない」

というものであった。すなわち、無駄な動作、負荷の大きい動作を極力排除したのだった。組立作業から生産方式の徹底した合理化と分業化。これであれば熟練工の力を借りずとも、また熟練工が全工程をやるよりも格段と早く完成させることができる。かくして自動車の大量生産が可能になったのだが、フォードはこのアイデアをシカゴの精肉出荷業者が

▲大衆車「T型フォード」を世に出したヘンリー・フォード

牛肉の精製に用いていた天井《てんじょう》トロリーコンベヤを見てひらめいたという。

フォードが設立したフォード・モーター社が最初に世に出した大衆車は「T型フォード（モデルT）」と呼ばれ、それまで「金持ちの玩具《おもちゃ》」と呼ばれていた自動車に対する固定概念を大きくつき崩すことになった。

しかし、安いといっても、それはあくまで相対的な数字で、大衆がそれを手にできるようにするには、彼らの所得を増やす必要があった。まずは自社の社員に買わせようとの目論見《もくろみ》から、フォードは給与を世間相場の二倍に引き上げた。

給与の引き上げには他社からの引き抜き

を防止する意図が込められていたが、それに加え、同じく世間を驚かせた八時間労働制の導入とならぶ福利厚生の性格をも有していた。終日黙々と流れ作業をやる毎日は社員に大変なストレスを与える。待遇と職場環境の改善は、社員が不満を募らせ、暴動などの破壊行為に走るのを防止する安全弁に他ならなかった。

フォードの成功はモデルTの販売実績が如実に物語っていた。一九〇四年には六万五〇〇〇人に一人だった自動車の所持者が、一九〇九年には八〇〇〇人に一人にまでなったのである。

フォード自身はその目的を「自動車の民主化」と掲げていたが、彼がつまらない夢想家ではなく、有言実行の人間であったことは歴史が証明している。

ライト兄弟からリンドバーグへ 大空への夢が飛翔《ひしょう》する

移移動手段が目覚ましく進歩

アメリカでは一八六九年の**ユニオン・パシフィック鉄道**の完成以降、長距離鉄道の建設が相次ぎ、二〇世紀初頭には東は大西洋岸の大都市から西は大西洋岸の大都市までつながる鉄道網が完成していた。

南北交通では水路を使ったものが重要で、こちらでは**蒸気船**《じょうきせん》が投入されてからというもの、上流へ向かうときの労力が大幅に軽減された。

自動車が「金持ちの玩具」から大衆の日用品として欠かせぬものとなる頃には、道路網の整備も進み、アメリカ本土内での移動は、交通費の工面《くめん》さえできれば誰でもできるようになった。

それでは、ハワイや国外の往来はどうか。これには船を利用するしかなかったが、海上交通の主役は帆船《はんせん》から**蒸気船**へと代わり、それと並行して船の大型化および木から鉄、鋼《はがね》へという材質の変化も生じていた。

一八五〇年代には一〇〇〇トンクラスであったものが、四〇年後の一八九〇年には一万トンクラスへと、大きさだけでなく速さも競《きそ》われるようになった。

そうなってくると、一つの事故が大惨事につながるはずだが、それは現代人だからであって、当時の人びとにそこまで考える余裕はなく、安全が考慮されるようになるのは、一九一二年の**タイタニック号沈没事件**が起きた以降のことだった。

蒸気船と鉄道、海上と陸上の交通を制したならば、残るは空中だが、これには飛行機と飛行船という二つの路線が考えられた。

開発の速度としては、飛行船のほうが目覚《めざ》ましかった。船体とガス袋を分離することによって高速航行が可能となり、大きければ大きいほど重い荷物を搭載できるなど、多くの利点を伴ってはいたが、それらをすべて帳消しにしてしまう弱点も有していた。安全性の問題がそれで、炎上事故や悪天候の中での遭難が相次ぐに及び、実用の現場から姿を消すことになった。

飛行機の歴史を作ったライト兄弟とリンドバーグ

飛行機の歴史を語るうえで欠かすことのできないアメリカ人が三人いる。ウィルバーとオービルの**ライト兄弟**と、**チャールズ・リンドバーグ**がそれである。

ライト兄弟は人類最初の動力飛行を成功させたことで歴史に名を残したが、彼ら兄弟は特定の機関から資金援助を受けた専門研究員ではなく、冒険や挑戦に胸躍《むねおど》らせるアスリートでも、大空に魅《み》せられたロマンチストでもなかった。彼らの本業は自転車の製造で、その技術を応用した飛行機を発明すれば一儲《ひともう》けできるのではないかという、あまりにも俗な考えで発明に勤《いそ》しんだのだった。

一九〇三年一二月一七日、ライト兄弟は証拠が残るように着陸予想地点にカメラを三脚で据えつけ、シャッターを押す人員を待機させるなど、入念な下準備を整えたうえで、ノースカロライナ州のキティーホークにおいて初めての公開実験を実施した。

実験は成功した。兄弟がそれぞれ二回ずつ、計四回の飛行を行なったうち、兄のウィルバーが時間にして五九秒、距離にして二六〇メートルという記録をたたき出したのである。人類が空をも制する時代が始まろうとしていた。

▲人類初の動力飛行を成功させたライト兄弟、兄ウィルバー（右）と弟オービル

それからの飛行機の発達は目覚ましく、飛行時間と飛行距離は伸びる一方だった。兵器としての利用も期待されたことから、欧米各国で熾烈な開発競争が展開されることにもなった。

その中で大きな金字塔を立てたのは、またしてもアメリカ人だった。ジョージ・リンドバーグがその人で、彼は二万五〇〇〇ドルの懸賞金がついた、ニューヨーク～パリ間無着陸飛行に応募し、セントルイスの事業家の資金援助を得て特別機を製造。一九二七年五月二十日の朝、スピリット・オブ・セント・ルイス号に乗ってニューヨーク郊外のローズベルト飛行場を離陸して、二一日夜にはパリ近郊のル・ブルージェ

▲人類初のニューヨーク～パリ間の単独無着陸飛行に成功したリンドバーグ

飛行場への着陸を成功させた。所要時間は三三時間三〇分。人類初の無着陸での単独大西洋横断飛行をなし遂げたのだった。

こうした先人たちの努力と偉業は、大陸間の人の移動が船から飛行機へと代わることを予見させるものともなった。

ちなみに、アメリカの航空産業といえばボーイング社とロッキード社が有名だが、前者の創業は一九三四年、後者のそれは一九三二年のことだった。

禁酒法によって生まれた暗黒街とアル・カポネによる「聖バレンタインの虐殺」

禁酒運動が盛り上がりをみせた背景

動機は不明ながら、「自動車王」となったヘンリー・フォードは地元の新聞『ディアボーン・インディペンデント』を買収すると、そこで盛んに反ユダヤ主義の論陣を張った。**ユダヤ人**を敵視する者は**WASP**《ワスプ》（アングロ・サクソン系の白人プロテスタント）の中にも存在した。その傾向はＷＡＳＰの中でも特に清貧《せいひん》を重んじるバプティスト派やメソディスト派の信者に多く、彼らからすれば飲酒も悪徳であることから、その敵意は飲酒を好む**アイルランド系カトリック**にも向けられた。ユダヤ人とアイルランド系に共通するのは、ＷＡＳＰではないことに加え、一九世紀後半に急増して都市部に住みついた点にある。都市部で犯罪が増加しているのはユダヤ人とアイルランド系に原因があり、このままではアメリカ文明は内部から汚染されてしまう。それを避けるには**禁酒**を法制化する必要があるというので、農村部に居住するＷＡＳＰの中から、禁酒運動が盛り上がりをみせるのだった。

州単位では早くも一八四六年に北東部のメイン州で禁酒法が制定されていた。禁酒運動が全米に広がり、アルコール飲料の醸造・販売・運搬・輸出入の禁止を定めた憲法修正第一八条が連邦議会で可決されたのは第一次世界大戦末期の一九一七年のことで、翌年制定された禁酒法は一九二〇年一月に発効となった。

かくして、アメリカは禁酒の国と化したのだが、これは一時の道徳的な感情の高まりに乗じた行きすぎの立法の典型的な例に他ならず、最初から非現実的な性格を有していた。禁酒運動の熱心な活動家よりも飲酒を人生の楽しみの一部とする人間のほうが断然多いのだから、法に背《そむ》いてでもアルコール飲料を手に入れようとする者、および彼らを顧客とする者が現われるのは当然の流れであった。

ダーティーヒーロー、アル・カポネ登場

規制のあるところこそ、犯罪組織にとって稼《かせ》ぎの場であった。**ギャング**がこの絶好の機会を逃《のが》すはずはなかった。

ギャングとは、犯罪者グループの総称。もとは西部を活動の場としていたが、フロンティ

アの消滅に伴い、地盤を都市に移した。そもそも異郷の者が雑居する都会という空間は、ギャングにとって居心地のよいところでもあった。

二〇世紀のギャングは、WASPがいないのを特徴とする。中でも有力だったのはアイルランド系とイタリア系とユダヤ系で、賭博《とばく》と売春、麻薬の売買を資金源とするところへ、禁酒法の制定によりアルコール飲料の密造・密売が加わることになった。

アルコール飲料の売買が合法の世では消費者の嗜好《しこう》による商品の淘汰《とうた》が進むが、禁酒法のもとでは、ギャングと取り締まり当局間の攻防、さらにはギャング間の抗争が避けられなかった。その過程で歴史に大きく名を残したのが、「**アル・カポネ**（向こう傷のアル）」の通称で知られたイタリア系ギャングのボスだった。

アル・カポネはシカゴを根拠地とした。その名が全米に知られるきっかけとなったのが、一九二九年二月一四日に起こした抗争事件だった。

同日未明、アル・カポネの配下の、警官の制服姿をした五人の男がアイルランド系ギャング・オパニオン一家の者たちを、酒を密売したいと偽《いつわ》って人目のつかない倉庫に誘い出し、マシンガンを使って七人をハチの巣のようにしたのである。それが聖バレンタインの祝日であったことから、この事件は「**聖バレンタインの虐殺**《ぎゃくさつ》」として広く世に知られるこ

▲「暗黒街の顔役」と呼ばれたアル・カポネ

となった。

ちなみに、アメリカでは『アンタッチャブル』という作品が一九五九年から一九六三年かけてテレビ放映、一九八七年には映画化されているが、どちらも財務省特別捜査官とアル・カポネの戦いを描いたものである。

かくして禁酒法は廃案となった

アル・カポネは後世のギャングにとって伝説とも守護神ともなったが、同じくギャングで、カポネと同格に扱われた者がいる。ユダヤ系の**メイヤー・ランスキー**がそれである。

ランスキーはユダヤ系が多く居住する

ニューヨークを本拠地とし、同じくユダヤ系のロスタインのもと、乗用車やトラックのレンタルを表看板としながら、アルコール飲料の密造・販売を手がけていた。ロスタインがカジノの借金未払いが原因で暗殺されたのち、イタリア系の同輩たちとの争いを制して、ボスの座についた。

ランスキーは慎重な性格の持ち主で、売春と麻薬には絶対手を出さなかった。それとは別に彼が力を注いだのが**カジノ**で、彼が目をつけたのはニューヨークのマンハッタン地区からわずか一八〇マイルの距離にある温泉町サラトガだった。どこまでも慎重なランスキーはここでも目立つことを避け、そこのカジノも共同経営のかたちをとり、自分は決して表に出ようとはしなかった。

このように、禁酒法下のアメリカはギャングにとっての黄金時代となった。犯罪が減るどころか逆に増える現実を突きつけられたことで世論も誤りを悟り、一九二八年の大統領選挙では禁酒法の存廃が一つの争点ともなった。結局、一九三三年には憲法修正第一八条を無効とする憲法修正第二一条が採択され、同年一二月、アメリカは正式に禁酒法から脱することとなったのである。

全米の話題をさらった アメリカの教科書問題「モンキー裁判」

否定された『進化論』教育

プロテスタントの信仰は、「聖書のみ」、「信仰のみ」、「万人祭司」を三大原則とする。ここでいう「聖書」には、『新約聖書』だけではなく、『旧約聖書』も含まれ、中に記されている内容をすべて事実とするのが、あるべきプロテスタントの認識とされてきた。

ところが、近代科学の発達に伴い、科学と聖書を天秤にかけたとき、ヨーロッパでは科学に重きを置くのが常識となっていた。ドイツでは聖書を文芸作品と言い切る論調まで現れる中、アメリカのプロテスタントは、ヨーロッパと同じように科学に重きを置く近代主義と、あくまで聖書に至上の価値を置く「**ファンダメンタリズム**」に分裂することとなった。ファンダメンタリズムの日本語訳として、古くは「原理主義」があてられたが、それには否定的な響きがあるというので、現在では訳さずにファンダメンタリズムの語をそのまま用いるか、訳すとすれば「根本主義」とすることが多い。

根本主義者たちが一番の目の敵《かたき》としたのは、**チャールズ・ダーウィン**が提唱した『**進化論**』だった。聖書を絶対視する彼らにすれば、進化論は神による万物の創造を否定する悪魔のささやきにしか聞こえなかった。彼らより少し穏当《おんとう》な人びとにも、自然淘汰や適者生存の主張は、現実に起きている巨大資本による寡占《かせん》状態と重なってみえたし、弱者には生きる資格がないと宣告されているように感じられたのだった。

聖書至上主義の立場に加え、科学万能主義や資本主義の行き過ぎがもたらす弊害への懸念が合わさって、南部の諸州では公立学校での進化論教育を禁止するところが続出した。皆無《かいむ》とは言わないまでも、進化論教育に反対する者は「狂信的」とか「時代錯誤」という表現でくくれる人びとばかりではなかったのである。

前代未聞の「モンキー裁判」が開かれる

近代主義の側も一色に染まっていたわけではないが、公教育の場から宗教を排除するという点では一致していた。なんとか根本主義に打撃を与えようというので考え出されたのが、全国的な注目の集まる場で根本主義をやり込めるという策だった。

選ばれた場所は南部テネシー州リー郡下の町デートンにある郡立高校。そこに**ジョン・**

スコープスという生物学教師を送り込み、授業で進化論を教えさせたのである。

はたして、スコープスは州法に背《そむ》いたというので、裁判にかけられることになった。すると、宗教と科学が法廷で争う、人類が猿から進化したものかどうかを争う「**モンキー裁判**」が開かれるというので、全米の注目が集まり、人口二〇〇〇人の小さな町に全国から取材陣が殺到する事態となった。

注目の裁判だけに役者も一流だった。検察側には大統領候補に三度指名され、ウィルソン政権下で国務長官を務めた経験もあるジョージ・ブライアンがおり、対する被告弁護側には当代一流の弁護士クラレンス・ダロウの姿があった。

町の総人口を大きく上まわる五〇〇〇人もの傍聴人が集まり、屋内《おくない》ではとうてい収容できず、床が抜ける怖れも出てきたことから、法廷を裁判所の庭に移すという異常事態の中、裁判は進められた。

白日《はくじつ》のもとに晒《さら》された「根本主義」の矛盾《むじゅん》

クラレンス・ダロウのやり方は徹底していた。結論を先にいえば、何も裁判に勝つ必要はない。世論の支持を得て、全米が根本主義に背を向けるようになれば自分の勝ち、とのつもりで臨んだのだった。

「エデンの園にいた蛇《へび》は、エバをそそのかした罰として、地を這《は》うものにされたというが、それまではどうやって歩いていたのか？」

「地上にアダムとエバ（イヴ）の夫婦と、二人の息子カインとアベルしかいなかったとき、カインはいったい誰を妻にしたのか？」

「ヨシュアは太陽の動きを止めたとあるが、その間、地球は停止していたのか？」

ダロウの質問とそれに対するブライアンの応えは、傍聴人の笑いを誘うものばかりだった。質疑応答がすんで下《くだ》されたのは、被告人を有罪とし、罰金一〇〇ドルを課すという判決だったが、全米世論の受け止め方はダロウの期待した通りとなった。

聖書にある内容をすべて事実とすることがどれだけおかしなことかが白日のもとに晒《さら》され、これより「根本主義」の影響力はしばらく低迷を余儀なくされるのだった。

コーヒーブレイク

不況対策から生まれた不夜城ラスベガス

享楽の時代を謳歌する

第一次世界大戦はアメリカに未曽有《みぞう》の好景気をもたらした。

戦争中は戦争景気、戦後は復興景気と、アメリカ製のあらゆる商品が続々とヨーロッパ市場に流れ込んだ。

過去に例をみない、金余《あま》り状態は世相を大きく変えた。若い世代の風俗やマナーに急激な変化が起こり、ピューリタンの伝統的美徳である勤倹《きんけん》は**消費**、禁欲は**享楽**《きょうらく》にとって代わられた。

ジャズは白人社会にも浸透して、同じく黒人文化に由来する**チャールストン**も若者の間で大流行をした。優雅さが求められる従来の社交ダンスとは真逆《まぎゃく》なほど異なり、チャールストンは、膝《ひざ》を閉じたまま左右の足を交互に外側に跳ね上げ、両腕を大きく振るのを特徴とした。

享楽の時代は若い女性の服装をも劇的に変えた。

アメリカ史上はじめてスカートの裾《すそ》が膝まで上がり、ペティコートは身に着けず、腕はまる出し、髪の毛はショートカット、口紅は濃く、目の周りにはアイシャドーを塗るというい で立ちが最先端のものとされた。飲酒や喫煙もすれば、セックスにも積極的な関心を示し、つき添いなしで異性との交遊を楽しむ。こうした新しいタイプの女性は「フラッパー」と総称された。

禁酒法が施行《しこう》されていたにも関わらず、ファッションの一部とあれば罪の意識など感じられなかった。

ジャズとチャールトン、フラッパーに代表されるこの時代を指して、「**ローリング・トウェンティーズ**」という。「ジャズ・エイジ」という言葉もほぼ同義語である。

ちなみに、この時代を語るに欠かせない天才音楽家が二人いる。一人は黒人のトランペット奏者**ルイ・アームストロング**で、もう一人は白人のクラリネット奏者**ベニー・グッドマン**である。

アームストロングはニューオーリンズの貧しい家庭に生まれ、非行にはしり、十三歳のときに感化院に入られたが、そこのブラスバンドに属し、コルネットという金管楽器と出合ったことが彼の人生を変えた。

出所後、労務者生活を続けながら、いくつかのバンドで応援要員を務めていたところ、知人の招きでシカゴへ出向いた。

そこで才能を見いだされたことがきっかけとなり、全米に名を知られる存在になったのだった。

一方のグッドマンはシカゴの仕立て職人の家庭に九人兄弟の末子《すえっこ》として生まれ、幼時からクラシック音楽の教師についてクラリネットを学ぶなど、アームストロングよりは、かなり恵まれた環境に育った。

演奏家として一躍名声を獲得したのが第一次ローズベルト政権下であったことから、彼の演奏は「世直し音楽」とも称された。白人と黒人混合のバンドを組むなど、音楽の世界で人種の壁を超えた最初の人物でもあった。

暗黒の時代が到来する

消費に浮かれた時代を突然に終わらせたのは、一九二九年に起こったニューヨーク発の**大恐慌**だった。

大恐慌が幕を開けたのは同年十月二四日のこと。それまで値上がりの一途《いっと》を辿《たど》っていた株価が突如大暴落したのである。その日が木曜日にあったことから、これを「**暗黒《あんこく》の木曜日**」という。

同年九月には四六九ドルであった工業株平均が十一月には二二一ドル、一九三二年には五八ドルにまで落ち込むのだが、まっ先に影響を被《こうむ》ったのは銀行業で、一九三〇年の終わりから倒産する銀行が続出した。**金融恐慌**の始まりである。

もちろん、工業生産への影響も免れず、一九三一末には大恐慌発生前夜の六〇パーセント弱にまで落ち込んだ。一九三三年のアメリカの輸出量も一九〇五年の水準にまで落ち込み、失業率は二五パーセントを記録。一般庶民には何をどうしてよいのやら、皆目《かいもく》見当のつかない状況だった。

一九三三年三月に就任した**フランクリン・ローズベルト大統領**は**ニューディール政策**なる看板を掲《かか》げてはいたが、実のところ腹案は何もなく、具体的な改革が開始されたのは中間選挙に勝利して以降のことだった。

大恐慌を逆手《さかて》にとったラスベガス

連邦政府に任せてばかりはいられないとばかり、独自の改革に乗り出す州政府もあった。ネバダ州の動きがまさしくそれで、一九三一年には、すでに歓楽街として州内では知名度の確立していた**ラスベガス**を起爆剤にしようと、同市内での**ギャンブル**の公認に踏み切ったのである。

元来、ラスベガスはスペイン人によって築かれた砦《とりで》に始まり、山に囲まれた砂漠地帯に位置していた。

一九〇五年の鉄道開通からまもなく町が築かれ、ダム建設の拠点にされたことから、**歓楽街**として栄えるようになった。

砂漠地帯にポツンとある歓楽街であれば、ダム建設が終われば廃《すた》れてしまう可能性が高かった。

だから、大恐慌が起こり、州政府からギャンブルの公認を得られたのは渡りに舟という他なかった。

ひとたびギャンブルの町としての名が全国的になればしめたもの。

公認場所が乱立でもされない限り、ギャンブルをするならラスベガスということになる。国内客を対象にするだけでも商売が成り立つのに、世界中から殺到したのだから、市としても州政府としても笑いが止まらない。

ラスベガスは大恐慌が生んだ思わぬドル箱と呼べるのかもしれない。

for example《たとえば》, have enough《〜するのに十分な〜》 accurate《正確な》 and powerful《強力な》 nuclear weapons to destroy《破壊する》 virtually《事実上》 all of our missiles《ミサイル》 on the ground《地上における》.

⑧Now, this《だからと言って、これは〜》 is not to say that the Soviet Union《ソ連》 is planning to《〜することを計画している》 make war on us. Nor do《決して〜ではない》 I believe a war is inevitable《避けられない》 --- quite《まったく》 the contrary《反対の》.

⑨ But what must be recognized《認識される》 is that our security《安全》 is based on《〜に基礎を置く》 being prepared to《準備して》 meet《対処する》 all threats《脅威》.

[…]

⑩ There will be failures《失敗》 and setbacks《逆もどり》, just as there will be successes《成功》 and breakthroughs《突破》.

⑪ And as《〜につれて》 we proceed《進む》, we must remain《〜のままでいる》 constant《つねに》 in preserving《保つ》 a solid《堅実な》 capability《能力》 for flexible《柔軟性のある》 response《対応》.

⑫ But isn't it worth《価値がある》 every investment《投資》 necessary to《〜するのが必要な》 free《解き放つ》 the world from the threat of nuclear war？ We know it is.

[…]

⑬ Our only purpose《目的》 --- one all people share《分け合う》 --- is to search for《〜を探求する》 ways to reduce the danger《危険》 of nuclear war.

☞日本語訳は176ページにあります。

COLUMN　PRESIDENTIAL ADDRESSES, SPEECHES

President Reagan's《レーガン大統領》 Address《演説》 (extract)《抜粋》

① **Since《～以降》 the dawn《幕開け》 of the atomic《原子爆弾を用いた》 age《時代》, we've sought to《～しようと努力してきた(seekの過去分詞形)》 reduce《縮小する》 the risk《危険》 of war by maintaining《維持する》 a strong deterrent《(戦争)抑止力》 and by seeking《～を求める》 genuine《真の》 arms《兵器》 control《管理》.**

② "Deterrence《抑止力》" means《意味する》 simply《簡潔に》 this:《このこと(→次のこと)》 making sure《確実に～するようにする》 any adversary《敵》 who thinks about attacking《攻撃する》 the United States《アメリカ合衆国》, or our allies《同盟諸国》, or our vital《重大な》 interests《利害関係》, concludes《結論をくだす》 that the risks to him outweigh《～よりまさる》 any potential《可能性のある》 gains《利益》.

③ Once《一度～すると》 he understands that, he won't attack.

④ **We maintain the peace through《～を通じて》 our strength《力・強さ》; weakness《弱さ》 only invites《招く》 aggression《侵略》.**

⑤ This strategy《戦略》 of deterrence has not changed.It still《まだ》 works《機能している》. But what it takes《要する》 to maintain deterrence has changed.

⑥ It took one kind of military force《軍事力》 to deter《抑止する》 an attack《攻撃》 when we had far more《はるかに多くの》 nuclear weapons《核兵器》 than any other power《列強国》;

⑦it takes another kind now that《～であるからには》 the Soviets《ソビエト》,

|コラム| アメリカ大統領演説〈日本語訳〉……… 5

レーガン大統領の演説（抜粋）

※この演説は、1983年にレーガン大統領が打ち出したアメリカ防衛構想の一つである戦略ミサイル防衛構想について語ったもの。Strategic Defense Initiative を略して **SDI** と称される。別名**スターウォーズ計画**とも。

①**核時代の幕開《まくあ》け以降、われわれは強力な抑止力《よくしりょく》の維持と真の軍事管理の追求によって、戦争の危険を縮小しようと努めてきた。**
②「抑止力」とは、簡潔に言って、次のことを意味する。つまり、アメリカ合衆国やその同盟諸国、あるいはその重大な利害関係に攻撃を加えようとするいかなる敵に対しても、その攻撃によって得られる潜在利益よりも被《こうむ》る危険のほうが大きいということをわからせることである。
③敵がひとたびそれを理解すれば、攻撃してこないだろう。
④**われわれは力を通じて平和を維持しており、弱みをみせれば、侵略を招くだけなのである。**
⑤この抑止戦略は今も変わっていない。いまだ機能している。しかし、抑止力を維持する要件が変わった。
⑥われわれが、他のいかなる列強国よりもはるかに多くの核兵器を持っていたときは、攻撃を抑止するには一種類の軍事力を要していればよかった。
⑦しかし、たとえばソビエトのように、われわれの地上配備ミサイルのすべてを事実上破壊するのに十分な正確かつ強力な核兵器を持つようになれば、別の種類の軍事力を持つ必要がある。
⑧だからと言って、これは、ソ連がわれわれに戦争をしかけてくる計画があると言っているのではない。戦争が避けられないとは信じてもいない。むしろ、まったくその逆で（避けられるもので）ある。
⑨しかし、認識すべきことは、われわれの安全は、すべての脅威に対応する準備が基本であるということである。
（中略）
⑩成功や躍進があるように、失敗や妨《さまた》げもあるだろう。
⑪われわれは進んでいくうちに、柔軟な対応のためのしっかりとした能力をつねに保ったままでいなければならない。
⑫しかし、核戦争の脅威から世界を解《と》き放《はな》つために必要なあらゆる投資は価値がないものなのか？　われわれは価値があるとわかっている。
（中略）
⑬**われわれの唯一の目的、そして、すべての人びとが共有すべきたった一つのことは、核戦争の危険を縮小するための方法を探求することである。**

第5章

冷戦と公民権運動

第二次世界大戦と日米開戦

第二次世界大戦でアメリカ国内を一気に参戦ムードに変えた日本軍の真珠湾攻撃

活動領域を環太平洋全域に拡《ひろ》げながらも、アメリカは依然として**モンロー主義**の看板を下《お》ろさなかった。

第一次世界大戦が始まったときも中立を唱えていたが、一九一七年二月には**無制限潜水艦作戦**による攻撃に抗議して**ドイツ**との国交を断ち、同年四月にはドイツに対する宣戦布告へと踏み切った。

時の大統領ウィルソンが読み上げた宣戦教書には、究極的世界平和のための参戦、諸国の人民の解放と民族自決のための参戦、世界を民主主義にとって安全な場所にするための参戦などの文言が綴《つづ》られていたが、実のところ、イギリスに多額の貸し付けをしていたウォール街から強い圧力をかけられ、抗《こう》しきれなくなったことが、ウィルソンが参戦に踏み切った一番の理由だった。

しかし、モンロー主義の看板はまだ生きており、アメリカは世界大戦の再発防止のために組織された**国際連盟**に加盟しなかった。世論の抵抗に加え、国際機関に軍事行動を制約されることを嫌ったからで、そのためにモンロー主義の看板は掲げ続けたのである。

ニューヨーク発の大恐慌が**世界恐慌**に発展すると、**イギリス**や**フランス**のような植民地および勢力圏を多く有する「**持てる国**」は**経済ブロック**を築くことにより危機を乗り越えようとした。**ドイツ**や**イタリア**、**日本**などの「**持たざる国**」は**全体主義**に走り、他の列強から奪い取ってでも、巨大な経済ブロックを築こうとした。

環《かん》太平洋全域を市場に収《おさ》めたいアメリカとしては、中国市場が日本に独占されるのは由々《ゆゆ》しき事態だった。多額の貸し付けをしている関係上、イギリスが戦争に敗れる事態は何としても避けたい。ヨーロッパと東アジアの全体主義国家が軍事同盟を結んだとあれば、もはや座視してはいられなくなった。

再度の世界大戦に参加することに対し、連邦政府に迷いの余地はなかった。何が何でも世論の支持を獲得して、参戦に踏み切る必要があるというのが、彼らの下した判断だった。

問題の世論はといえば、一九三九年九月、ドイツ軍のポーランド侵攻により**第二次世界大戦**が勃発しても国民の意識に変化は乏《とぼ》しく、翌年二月に実施されたギャラップ世論調査

▲日本軍の奇襲によって撃沈する戦艦アリゾナ

では、「もしドイツがイギリスとフランスを打ち負かしそうになったら、アメリカはドイツに宣戦布告してヨーロッパに派兵すべきか」との質問に対し、賛成との答えは二三パーセントにすぎず、反対の声が七七パーセントにも及んだ。

ローズベルト大統領は国民の意識を変えようと、一九四一年の年頭教書では「**四つの自由**」という表現を強調した。それは、**言論および表現の自由、信教の自由、欠乏からの自由、軍事的侵略の恐怖からの自由**からなり、世界中が「四つの自由」を保障される状態こそが理想であると訴えたのである。

それでもアメリカ国民の反応は鈍《にぶ》く、

一九四一年一一月の意識調査でも、「議会には、アメリカと対独宣戦の決議案を採択しようという動きがある。現時点でこのような決議案を採択することをどう思うか」との質問に対し、賛成との答えが二六パーセント、反対が六三パーセント、不明が一一パーセントとの結果が出た。

結局、世論が一気に参戦賛成に傾くのは日本軍による**真珠湾攻撃**を受けてからで、アメリカ海軍はその代償として戦艦八隻《せき》を含む海軍艦船一五隻と二四〇〇人の命を失うことになった。

物量で大きく勝るアメリカの敵ではなかった日本

東南アジアから太平洋の島々まで広く展開した日本軍に対し、アメリカはすぐさま反撃体制を整えるとともに、一九四二年二月には**日系アメリカ人**の**強制移住**に踏み切った。同じ年には**原爆製造計画**も開始されるが、ドイツが原爆製造を放棄したとわかってから中止とはならず、場所は未定ながら、「**マンハッタン計画**」という陸軍管轄の極秘作戦名のもと、終戦までに実戦投入することが既定の方針として据《す》えられていた。

一九四二年は太平洋とヨーロッパの両戦線において、戦況に大転換をもたらす出来事があった。ソ連領内スターリングラードの攻防戦と**ミッドウェー海戦**がそれで、アメリカが当事者であったのは後者になる。日本海軍の主力機動部隊を壊滅させたことにより、アメリカが太平洋上での主導権を奪回することとなった。

日本軍は各島の駐留部隊に玉砕《ぎょくさい》を命じたほか、戦闘機による特攻《とっこう》や人間魚雷《ぎょらい》など、アメリカ人の常識からは理解不能な戦術を駆使して精一杯の抵抗を試みたが、物量で大きく勝《まさ》るアメリカ軍はそれらをものともせず、着々と日本本土に迫りつつあった。

アメリカとしては、犠牲者の多く出る地上戦をできるだけ避けたかった。そのため東京をはじめとする大都市への空襲を繰り返すとともに、原爆の投下をも実行したのだが、ソ連軍の参戦と二度目の原爆投下を受けて、日本側もようやく腹をくくり、八月十五日の玉《ぎょく》音《おん》放送となったのである。

原爆は水爆と並ぶ核兵器である。アメリカがその開発に着手したきっかけは、ドイツから亡命してきた天才物理学者**アインシュタイン**の発した警告にあった。理論上製造が可能で、**ナチス政権**もそれに深い関心を示していると聞かされては、アメリカとしても本気で開発に取り組まないわけにはいかなかった。

ノルマンディー上陸作戦が成功して後、ナチス政権が初歩的な段階で開発を断念したことがわかっても、アメリカは開発を続行した。戦後に予想されるソ連との対決に不可欠と考えたからである。

原爆の開発が科学者の手から陸軍の主導に移され、マンハッタン計画の名がつけられたのは一九四二年九月のことだが、それからが速く、一九四五年七月十六日にはニューメキシコ州アラモゴードの丘で最初の爆破実験が実査された。

完成の目途《めど》がついたころ、アメリカ政府にはそれをヨーロッパ戦線で使用する気はなく、集結した状態の日本海軍への投下を仮想定していた。ところが、完成時には日本海軍がすでに壊滅していたことから、目標を**日本本土**へ移すことにした。

もはや日本の敗北は不可避の状況であったが、アメリカとしては多くの犠牲が予想される日本本土での地上戦は避けたかった。早期の降伏を促すためにも、またソ連に対する示威《じい》の観点からも、**日本への投下**は必要と考えられた。

どこに投下するのが効果的か。多くの候補地が挙げられる中、原爆の効果を試す意味から、都市部でなくてはならず、それでいて一度でも空襲した地点は外された。また、不発に終わった場合、強襲部隊による回収が必要なことから、海に近いことが求められた。

かくして、厳選された候補地が**広島**と**長崎**で、広島だけですまさなかったのは、既定のことだったからだが、結果として日本政府に無条件降伏を決断させることにつながった。

以上のように、二度の世界大戦時におけるアメリカ政府の姿勢には共通点がある。参戦反対の声が多数を占める中、巧みに世論を誘導して、賛否の声を逆転させたうえ、戦意までも大いに高めた点である。ここからは、大衆を愚民《ぐみん》とみなすエリート上層の優越感だけではなく、理性や知性よりも感情に左右されやすい社会の実体が生々しくみてとれる。

日本占領後の政策をどうするか

日本占領後の政策について、責任を負ったのはアメリカ軍主導の**連合国総司令部（GHQ）**だったが、ここでは知日派ブレーンたちの助言が取り上げられた。

天皇を罰することと、天皇制の廃止だけは絶対にやってはいけない。そんなことを強行すれば、日本の全国民が武器を持って立ち上がり、血みどろの地上戦に突入することが避けられない。鎮圧はできるだろうが、それがなったときには、日本は再起不可能なまでの荒廃《こうはい》にさらされ、アメリカ軍も相当な犠牲を被《こうむ》るに違いない。これでは勝利したところで、意味がないというのが、知日派たちの言い分だった。

日本軍のそれまでの戦いぶりからすれば、十分に考えられることだった。また、アメリカには、第一次世界大戦後、ドイツに過酷な賠償金を課したことがナチスの台頭《たいとう》を誘発し、ひいては再度の世界大戦を招いたとの反省もあったことから、軍国主義の根絶を掲《かか》げながらも、日本の存続を危うくするような過酷な扱いをする考えを捨てていた。

どのような占領政策を実行するか。それには**中国**での経験が活かされた。中国では蔣介《しょうかい》石《せき》の中華民国政府を同盟相手としてきたが、正直なところ、アメリカの民主党政権は蔣介石に愛想を尽かしていた。中国共産党の農村部への浸透は想像を大きく上まわる勢いで進んでおり、国共内戦の行方は予断を許さない状況にあった。楽勝と思われていた蔣介石がそこまで追いつめられた背景には、中国国民党の腐敗体質に加え、政権を支える大資本家や大地主に有利な社会システムにあるというのが、アメリカ政府内の見立てだった。土地改革を断行しない限り、共産主義の蔓延を防ぐことはできない。それがアメリカの得た答えだった。

日本においても事情は似ていて、政党政治が大衆の支持を失い、軍国が幅を利かすようになったのは農村部の絶対的な貧困に起因していた。軍の主張する社会改革が貧困大衆の心をつかんだのだが、軍部なき後は共産主義者が同じやり方で勢力を拡げる怖《おそ》れがあった。それを回避するには先手を打つ必要があるというので、ＧＨＱのもと、軍国主義体制下でもできなかった土地改革が断行され、農村部の貧困は根本的解決に向かうこととなった。

アメリカは何よりも**日本の共産化**を怖れていた。特攻や玉砕戦だけではなく、日本人の行動にはアメリカ人の常識では理解不可能な部分が多すぎる。三国干渉後、ロシアへの復讐のため国を挙げて臥薪嘗胆《がしんしょうたん》した様子からして恐怖をそそるものがあった。日本が共産化したら、恐るべき敵になるに違いない。真面目《まじめ》に働いていてもその対極にあっても待遇は同じで、それが勤労意欲と技術力の低下につながるという共産主義につきまとう弊害が生じなければ、大日本帝国をはるかに凌駕《りょうが》する存在になることが予測された。そんな化《ば》け物を生み出すわけにはいかない。禍《わざわい》は芽《め》のうちに摘《つ》んでおかなければならないとの考えがはたらいて、日本の共産化防止に力を入れたのだった。

一方、日本の軍備については、当初はそれを許さないつもりでいたが、中国と朝鮮半島での情勢がアメリカに方針転換を促した。中国大陸では蔣介石の敗退が決定的となり、朝鮮半島の南北分断も決まると、ソ連の影響力拡大を阻止する役割をアメリカだけで負担するのは現実問題として難しくなった。そこで、日本の**再軍備**を許し、これに補助的な役割を担《にな》わせることで、東アジア全体の秩序を保つ体制が整えられたのだった。

世界を震《しん》撼《かん》させたキューバ危機

米ソ最大の緊張を生んだ「キューバ危機」

話を大戦中に戻そう。連邦政府は国民の戦意高揚のため、繰り返しナショナリズムや選民意識、使命感などの鼓舞に努《つと》めたが、その結果、中途半端なところで停戦というわけにはいかなくなった。相手に壊滅的な打撃を与え、無条件降伏に追い込む。そうしなければ、アメリカ国民から総スカンを食らうのが目に見えていたからである。

また、終戦後の国際秩序に関しても、アメリカが責任を持たざるをえない状況となっていた。

はたして、**第二次世界大戦**はアメリカとソ連を中心とする連合国側の勝利に終わり、ヨーロッパ諸国は勝敗に関係なく、国際的な影響力を凋落《ちょうらく》させることになった。そして、大戦後の世界は、アメリカ主導の資本主義陣営とソ連主導の社会主義陣営の対立を軸として展開する。前者は西側諸国ないしは西側陣営、後者は東側諸国ないしは東側陣営と呼ばれた。

アメリカとソ連がどちらも核兵器を所持するようになると、世界は人類滅亡の恐怖を現実的に感じるようになった。

両者の直接対決は第三次世界大戦だけではなく、核戦争を招来しかねないと。アメリカを中心とする北大西洋条約機構（ＮＡＴＯ）とソ連を中心とするワルシャワ条約機構の加盟国間で戦争が起きても、同じことが心配された。

勝者なき共倒れが予想されることから、双方とも軽率な行動を慎《つつし》み、諜報活動に力を注ぐようになった。**冷戦**と呼ばれる状況が生じたのである。

ときに朝鮮戦争のような代理戦争はあったが、米ソの直接的全面対決だけは回避された。何度か危機が訪れた中、最大の緊張を孕《はら》んだのは、一九六二年十月の**キューバ危機**だった。

事の発端は一八五九年一月、フロリダ海峡を挟《はさ》んでアメリカと対峙《たいじ》するキューバで親米独裁政権が倒され、**カストロ**を首相とする**社会主義政権**が誕生したことにあった。アメリカが国交の断絶に加え、経済制裁、反カストロ分子への支援などを行なうと、カストロはソ連への接近を試み、武器援助協定を締結しただけでなく、ひそかに**中距離ミサイル基地**の建設を開始した。

キューバからなら、アメリカのどこにでもミサイルを撃ち込むことができる。核兵器の搭載も可能とくれば、アメリカは常時喉元《のどもと》に刃《やいば》を突きつけられている状態になる。空中偵察により、事の重大さを悟ったアメリカは、ただちに艦艇一八三隻、軍用機一一九〇機を動員して、キューバの**海上封鎖**を実施した。

キューバからミサイル攻撃があれば、それをソ連によるアメリカ攻撃とみなし、ただちに報復行動に出る。それが核攻撃を意味するものであることは明らかだった。

海上封鎖が開始されたのは一九六二年十月二二日のこと。世界が固唾《かたず》を飲んで見守る中、国連緊急安保理での交渉や非公式の折衝が重ねられた。時のアメリカ大統領は**ジョン・F・ケネディ**、ソ連のトップは**フルシチョフ**である。

究極の緊張状態は双方に歩み寄りを促《うなが》し、ケネディがキューバ不侵攻を約束すると、フルシチョフも同月二八日、ミサイル基地の撤去を発表。かくして、キューバ危機は最悪の結末を免れ、これを境に米ソの関係は緊張緩和へと向かうのだった。

ミステリー・ポイント

真相が深い闇のケネディ暗殺

ジョン・F・ケネディはアメリカ史上最年少で当選した大統領であると同時に、最初のカトリックの大統領でもあった。セックス・シンボルとして評判の女優マリリン・モンローとの不倫関係も広く知られていた。

公私とも話題に事欠かなかったそのケネディが、一九六三年一一月二二日、遊説先のテキサス州**ダラス**市内で射殺された。オープンカーでパレードをしているところを狙撃され、頭部と頸部《けいぶ》に銃弾を食《く》らったのである。

即死に近い状態だった。

狙撃犯としてリー・オズワルドという男が逮捕されるが、護送中にダラスの劇場主ジャック・ルビーにより射殺されてしまったため、犯行動機や背後関係の解明は頓挫《とんざ》をきたした。

事件より少し前、ケネディが人種差別の撤廃に前向きな姿勢をみせていたことを受け

▲いまだに謎の多いケネディ大統領暗殺の瞬間

て、テキサスでは極右や反共団体による反ケネディ・キャンペーンが展開されていたから、彼らによる犯行の可能性があった。

また、前任大統領のアイゼンハワーが離任にあたり、軍産複合体の肥大について警告の演説をしていることから、この線も考えられた。

真相はいまだ明らかにされていないが、アメリカ社会の裏に深い闇《やみ》のあることを強く印象づけた事件であった。

黒人の権利拡大に努めた
モハメド・アリとマルコムX《エックス》

黒人差別の解消に大きな一石を投じた「ブラウン判決」

第二次世界大戦の勃発は、アメリカ経済にとっては恵《めぐ》みの雨となった。一九四一年三月に**武器貸与《たいよ》法**が成立すると、年頭にはまだ一五パーセントあった失業率がほぼ零《ゼロ》にまで急落し、参戦が決まると、今度は労働力不足が問題になるほどだった。

大戦中、軍隊内では人種の分離を取りやめた。非効率この上ないことに加え、全軍の安危に関わると判断されたためである。黒人と白人が戦地で寝食と苦楽を共にするうち、白人の多くは人種の分離を無意味なものと感じ始め、黒人たちは共生社会に自信を抱くようになったのである。

大戦の終結後、マッカーシズム（赤狩り）と称される狂的な反共運動が終息したあと、アメリカ社会には大きな揺《ゆ》り戻しが起こり、旧体質のすべてが批判に晒《さら》されることとなった。

ＷＡＳＰ（アングロ・サクソン系の白人プロテスタント）優位の社会や伝統的な道徳観

から近代文明、人種差別など、批判の矛先《ほこさき》は広範囲に及んだが、黒人差別の解消において画期的となったのが、一九五四年五月、連邦最高裁により下された**ブラウン判決**だった。

同判決は、公立学校における白人と黒人の分離教育を定めた州法を違憲としており、翌年には可及的速《かきゅうてきすみ》やかに共学制度に移行するようにとの判決も下された。一八九六年に下された「分離すれども平等」は公立学校教育の分野には適用されず、「分離された教育は本質的に不平等」と判断されたのだった。

この判決を受けて、一九五七年九月、アーカンソー州リトルロック市の公立高校に九人の黒人が登校しようとしたところ、州知事は州兵を動員して学校を包囲。極右のデモ隊一〇〇人とともに登校の阻止を図ろうとした。これに対し、**アイゼンハワー大統領**が連邦軍の投入をしたことで、九人の黒人たちはようやく登校を果たしたのだった。

「非暴力抵抗」で黒人差別の撤廃を訴えたキング牧師

ブラウン判決をきっかけとして雇用や教育の分野、および交通機関、ホテル、劇場、病院、墓地など、さまざまな場所での、黒人およびその他のマイノリティー（少数派）に白人と同等の権利を保障するよう求める運動が活発化した。これを**公民権運動**という。

黒人問題を抱える現場は、もはや全国的になっていた。第一次世界大戦の最中、ヨーロッパからの移民が激減したとき、北部の工業地帯に生じた労働力不足を埋めるため、南部の農村から北部の都市へと黒人人口の大移動が起きた。この傾向は大戦終結後も続き、第二次世界大戦が終わったときには、南北に居住する黒人の比率は拮抗《きっこう》して、北部の各都市には必ず黒人のスラム街ができていた。その中でもニューヨークの**ハーレム**地区は独特の黒人文化を生み出すところとなるが、全体としてみれば、犯罪が日常の一部をなす危険地帯と化していた。

黒人問題が貧困や犯罪と混ざり合う複雑な状況下、人種差別撤廃を訴える運動をリードしたのが、**マーティン・ルーサー・キング**という黒人牧師だった。

キング牧師が採《と》った戦術は、インド独立運動の指導者**マハトマ・ガンディー**に倣《なら》った**非暴力抵抗方式**だった。この方式の利点としては、暴力方式よりはるかに広い層の参加が得られること、法には触《ふ》れないこと、リベラル派白人の賛同や同調を得られることなどが挙げられる。

白人保守層の中には、相手が非暴力であろうがお構いなしの者もいて、黒人と理解ある白人の中からも少なからざる犠牲者も出て、キング牧師も暗殺されることになるが、一九六四年とその翌年には南北戦争以来、最も強力な公民権法が制定されるなど、大きな成果も挙げていた。

マルコムX、モハメッド・アリを擁したブラック・ムスリムズ

皮膚の色に拠《よ》ってではなく、人が人格そのものによって評価される国に住めるのが夢。人種の違いを越えて、誰もが手をとり合い、兄弟姉妹として一緒に歩ける環境にアメリカを変えるのが夢と訴えたキング牧師は、その理想と実践を認められ、ノーベル平和賞をも受賞するが、最後まで黒人社会を制御できたわけではなかった。暗殺される少し前から、非暴力主義に反抗する急進派の動きが活発化していた。

急進派の特徴は、白人と黒人の分離、黒人の優越を唱えたところにあり、「ブラック・パワー」、「ブラック・イズ・ビューティフル」をスローガンとした。

急進派の中でも最右翼に属したのが、結成時期の不詳な**ブラック・ムスリムズ**（ネイション・オブ・イスラム）という組織で、「イスラム」、「ムスリム」の語が示すように、入会するには**イスラム教**への改宗が求められた。

最盛期である一九六〇年代には二五万人もの会員を有するまでになったブラック・ムス

リムズだが、同組織をそこまで巨大化させたのは**マルコムX**《エックス》という若きカリスマだった。

ブラック・ムスリムズにはマルコムXと同じく、生きる伝説と化した会員がもう一人いた。軽快な動きと破壊力抜群のパンチから、「蝶《ちょう》のように舞い、蜂《はち》のように刺《さ》す」と称されたボクシングの**モハメッド・アリ**である。

彼の生まれながらの名はカシアス・クレイという。一九六〇年のローマ・オリピックでライトヘビー級の金メダルを獲得したのち、プロに転向。一九六四年、大方《おおかた》の予想を覆《くつがえ》し、王者ソニー・リストンからKO勝ちでヘビー級タイトルを奪ったことで、一躍全米のスーパースターになると、その直後、ブラック・ムスリムズの会員であることを公表して、名前もイスラム教徒であることを強調するモハメッド・アリに改めたのだった。

ベトナム戦争への徴兵を拒否したことから、タイトルを剥奪《はくだつ》されたうえ、四年間の試合禁止処分も受けるが、復帰後、圧倒的な実力でタイトルの奪回に成功したことから、生きる伝説と化した。

晩年はパーキンソン病を患《わずら》い、公《おおやけ》の場にほとんど姿を見せなくなるが、一九九六年のアトランタ・オリンピックでは開会式の最終聖火ランナーを務め、人びとの心にさらなる伝説を植えつけることとなった。

ベトナム戦争とヒッピー文化

アメリカの自信を喪失させたベトナム戦争の敗退

対外戦争で敗北を知らないアメリカ。**朝鮮戦争**を勝利で終えることはできなかったが、これはあくまで国連軍としての参戦というので、アメリカの敗北には数えられなかった。だが、**ベトナム戦争**の場合、その敗北は言い逃れのしようがなかった。

ベトナムではカンボジアとラオスと合わせ、一九世紀にフランス領インドシナとされた直後から、さまざまな独立運動が展開されていた。最初は王族主導によるもので、それが鎮圧されると、大地主主導の戦いが開始された。

それもが沈黙させられたのち、第二次世界大戦に伴う日本軍の進駐から降伏、フランス軍の復帰という現地住民の頭越《あたまご》しに展開された動乱のかげで、独立運動の主役に躍り出てきたのが、インドシナ共産党が主導するベトナム独立同盟（ベトミン）だった。

北アフリカのアルジェリアでも火の手があがっていたことから、フランスはインドシナに専念することができず、ベトミン相手に敗北を重ねたあげく、一九五四年五月には最後の拠点としたディエンビエンフーが陥落。話し合いの席につかざるをえなくなった。

このとき、アメリカはフランスからバトンを引き継いだ。ジュネーブで開催された和平会議の結果、ベトナムは北緯一七度線をもって南北に二分され、それより北にはベトミンによる**ベトナム民主共和国**（北ベトナム）、南にはゴ・ディン・ジェムを大統領とする**ベトナム共和国**（南ベトナム）が成立。アメリカは南ベトナムを支援することで、東側陣営による東南アジアへの拡大を防ごうとしたのである。

南北間の戦争が開始されると、アメリカは南ベトナムへの支援を強化し、南ベトナムが劣勢とみるや、北ベトナムへの空爆を開始するが、それでも戦況が好転しないことから、とうとう地上軍の派遣に踏み切ったのだった。

だが、熱帯雨林に覆《おお》われたベトナムは、過去のどの戦場とも様相を異《こと》にしていた。ベトミンの士気が高いうえに、アメリカ軍にはベトナム人はみな同じに見え、戦闘員と非戦闘員の区別もつけられない。なんとか戦況を打開しようと、ラオスとカンボジアへの進攻も試みるが、戦況はかえって泥沼化するばかりだった。

結局のところ、アメリカは延《の》べ三〇〇万人以上の兵力と約一五〇〇億ドルもの戦費を費《つい》やし、五万八〇〇〇人もの戦死者を出しながら、一九七三年にはベトナムからの完全撤退を決めた。事実上の敗退に他ならなかった。

帰還兵には手足を失った者や精神に傷害を負った者が多く、その現実がアメリカの不敗神話が崩れたことをなおさら実感させた。自信を喪失したアメリカ人は、その後も長く、「ベトナム症候群」を引きずることになる。

ベトナム戦争におけるアメリカ軍の敗因とは？

インドシナが共産主義者の手に落ちれば、ドミノ式にタイやビルマ（現・ミャンマー）も危うくなる。アメリカ政府はこれを参戦の大義名分としたが、従来の戦争とは異なり、内外の人士を納得させることはできなかった。反戦運動の非常な盛り上がりも、アメリカに撤退を決断させた要因の一つになった。

ドミノ理論が受け入れられなかった理由としては、ベトミンの闘争が独立戦争の系譜上にあり、なおかつ第二次世界大戦終結後には主流を占めていたことが挙げられる。

一方の南ベトナムはアメリカの思惑によってつくられた人工国家で、**ゴ・ディン・ジェム大統領**という人選も不適切だった。彼の政治は自由と人権に背を向けるもので、カトリック信者の立場から激しい仏教弾圧を行なうなど、やることなすことすべて、ベトミンの別動隊である**南ベトナム解放民族戦線**（ベトコン）に大義名分を与えることばかりだった。

アメリカ軍の軍事活動についても、戦闘員と非戦闘員、敵とそうでない者との区別がつかないことから、ソンミ村の虐殺をはじめ、多くの民間人の命を奪うこととなった。

兵器に関しても、核兵器以外のあらゆる兵器が投入され、枯葉剤《かれはざい》のように長く深刻な被害を残すものもあった。環境汚染に加え、二重胎児に代表される人体への悪影響も深刻で、被害はそれらの武器を使用したアメリカ軍兵士とその子どもたちにも及んでいる。

こうした複合的な要因により、ベトナム反戦運動はアメリカにとどまらず、世界規模の運動として展開された。アメリカではブラック・パワー運動や女性解放運動とも結びつくことによって、大きなうねりと化したのだった。

ちなみに、ベトナム反戦運動は日本でも盛んだったが、日本経済に与えた影響はそれをも上まわっていた。アメリカ軍特需に沸いた日本はそれを跳躍台として高度経済成長を遂げ、経済大国の仲間入りを果たしたのだった。

日本にも影響を及ぼしたヒッピー

ベトナム戦争を体験するより前の一九五〇年代、アメリカでは**ビート運動**なる社会現象が起きていた。「ビート」とは、打ちのめされた結果としての消耗《しょうもう》、枯渇《こかつ》といった意味に由来する言葉で、西欧的な合理主義に背を向け、**禅**《ぜん》に代表される東洋文明への傾倒を特徴とした。この現象に何らかの関わりをもった世代をビート・ジェネレーションという。

ベトナム戦争が泥沼化し、反戦運動が盛り上がりを見せる中、ビート運動の延長線上に生まれたのが**ヒッピー**だった。ヒッピーとは、既存の道徳観や生活様式に反抗した人びとの総称で、定職にはつかず、前近代的な要素を多く残す世界を放浪する人生が理想とされた。外見的には、ひげや長髪を蓄《たくわ》え、ジーンズや風変わりな衣装を身に着ける。趣味としてはドラッグやサイケデリックなロック音楽、東洋的な瞑想《めいそう》を好むのを特徴とした。

時代が公民権運動やベトナム反戦運動と重なったことから、ヒッピーはしだいに反戦と非暴力と愛を求める反体制の象徴ともなるなど、政治色をも持つようになった。

ヒッピーの影響は日本にも及び、安保闘争やカウンター・カルチャーとしての**フォークソング**につながったほか、「**みゆき族**」や「**フーテン**」といった若者風俗をも生み出すことになった。

世界を驚かせたニクソン訪中

対ソ戦略で考慮され始めた中国の存在

西側の通貨改革に反発したソ連による西ベルリンへの陸路完全封鎖に対して、アメリカが大空輸作戦でその窮地を救った、一九四八年のいわゆる**ベルリン封鎖**や一九六二年に起こった**キューバ危機**を経て、アメリカとソ連の間では、ホットラインの設置や部分的核実験停止条約の締結など、緊張緩和の動きもみられたが、冷戦体制が継続していることに変わりなかった。

ベトナム戦争には米ソ代理戦争の側面もあったが、これに敗《やぶ》れたアメリカは自国の力に限界があるとの現実を直視したうえで、国際戦略の見直しを図ることにした。ソ連と北ベトナムを封じ込めるにはどうするのが最適か。

ここで注意を引かれたのが**中ソ対立**だった。中国共産党の一党独裁下にある**中華人民共和国**はソ連の衛星国に始まりながら、このところ関係がぎくしゃくしている。中ソの同盟関係に楔《くさび》を打ち込むだけでなく、さらに米中同盟が結ばれるとなれば、ソ連に対して断然優位に立てるのではないか。アメリカと中国はイデオロギーのうえでは相容《あいい》れない関係とはいえ、純戦略的には十分考慮に値する選択だった。

その場合、**台湾**をどうするかが問題だった。国共内戦に敗れ、台湾に逃げ込んだ**蔣介石**《しょうかいせき》の中国国民党と国民政府を、アメリカは依然として正統な政権であるとみなしていた。中国の正統な政権は、台北を仮の都とする中華民国であるとの姿勢を崩していなかったのである。

反共の姿勢を貫くか、戦略を優先させるか。アメリカの外交は大きな岐路《きろ》に立たされていた。

アメリカとの同盟に前向きにならざるをえなくなった中国

中国とソ連の対立は**毛沢東**《もうたくとう》と**スターリン**の個性のぶつかり合いもあって、スターリンの存命中から兆《きざ》しをみせていたが、スターリン死後のソ連が平和共存政策を掲げるに及び、中ソ間で公然たる非難の応酬が交《か》わされる事態となった。

外交路線の違いといってしまえばそれまでだが、要は現実路線に転じたソ連とイデオロギー対立に固執する中国との国際戦略をめぐる考え方の違いによるもので、ソ連が兵器開発やエネルギー部門にいた技術者を中国から総引き揚げさせたことから、中国は自力更生《じりきこうせい》に努めるしかなくなっていた。

指導部が対立すれば、国境を守る兵士たちにも影響を及ぼさないはずはなく、係争地となればなおさらだった。一九六九年三月二日には、とうとう武力衝突が発生する。場所は中ソ東部の国境を流れるウスリー川の中州で、中国名は珍宝島《ちんぽうとう》、ロシア名はダマンスキー島と呼ばれるところである。

二時間に及ぶ銃撃戦の末、隊長を含む三一人の戦死者と一四人の負傷者を出してソ連軍が敗退するが、同月一五日の戦闘では装甲部隊を持ち出したソ連軍が優位に立ち、中国軍に大きな打撃を与えた。

戦闘規模が拡大すれば、自力に勝《まさ》るソ連軍の優位は確実であった。面子《メンツ》を重んじる中国には、清《しん》王朝が列強にさせられたような城下の誓《ちか》いなど耐えがたく、事前に屈辱を回避する策が模索された。真っ先に考えられたのは、中国の歴史書に「**遠交近攻**《えんこうきんこう》」とある策で、遠国と同盟関係を結んでおいて、近隣諸国を攻めるというものだった。

ここに、中国側でもアメリカとの同盟に前向きとなる状況が生じたのだった。

ソ連はもちろん日本にも衝撃を与えた米中合意

米中双方が同盟相手を必要とする中、一九七〇年一月には、ポーランドのワルシャワに場を借りて、米中大使級会談が二年ぶりに再開された。その後も水面下でのやりとりが交わされたのち、同年十一月にはパキスタンのヤヒア・カーン大統領が中国を訪問。**周恩来**《しゅうおんらい》首相兼外相と会談するが、実のところヤヒア・カーンはアメリカから仲介の労を依頼されていたのだった。

同年十二月には、アメリカ人ジャーナリストのエドガー・スノーが**毛沢東**《もうたくとう》国家主席との会談を許されているが、これもアメリカ政府の意向を受けての行動だった。同年十月にはカナダ、十一月にはイタリアとの国交樹立を果たすなど、中国は西側との関係正常化に前向きであった。

一九七一年四月、アメリカ卓球チームの中国親善訪問が実現するが、実はこのときのメンバーの中にアメリカ政府筋の人間が紛《まぎ》れており、両国の関係改善はいよいよ具体化していた。

同年七月、パキスタン訪問中のアメリカ大統領補佐官**キッシンジャー**が体調を崩し、すべての予定をキャンセルして、まる一日休養にあてた日があった。キッシンジャーはこの一日を利用して、北京《ペキン》への極秘訪問を実現させ、周恩来と会談していた。同月一六日、この席で合意に達した内容が両当局から発表されたときには、世界中が度肝《どぎも》を抜かれた。昨日まで仇敵《きゅうてき》同士であったはずの米中が突然握手をしたのである。まったくの蚊帳《かや》の外に置かれていた日本政府の受けた衝撃は凄《すさ》まじく、**ニクソン・ショック**の名で語り継がれることとなった。

三カ月後、国連における中国代表権が台湾の中華民国から本土を統治する中華人民共和国の手に移った。

出し抜かれた格好の日本はすぐさま巻き返しに転じ、一九七二年九月には**日中共同声明**を発し、国交正常化へと踏み切った。アメリカの政策転換が日本の外交をも軌道修正をさせたのだった。

先住民が怒りを爆発させたアルカトラズ占拠事件

声をあげた先住民たち

一九九六年に公開されたアメリカ映画『ザ・ロック』は、サンフランシスコ湾に浮かぶ小さな島**アルカトラズ**を舞台とした。そこはかつての要塞であり、脱獄不可能とされた監獄のあった場所でもあることから、「ザ・ロック（監獄島）」とも呼ばれた。そこに聳《そび》える灯台《とうだい》は、太平洋を渡ってきた船が最初に目にする目標地点でもあった。

その地理的な要所から、アルカトラズはかつてアピールの場として利用された時期がある。アメリカが本来誰の土地で、本来の主《ぬし》が現在、どのような状況に置かれているか、内外に広くアピールするためでもあった。

事件が起きたのは一九六九年一一月十日のこと、**先住民**の若者一四人がアルカトラズを**占拠**。彼らの呼びかけに応じて多くの先住民がそこに集まって立てこもりに参加、先住民政策の改善などを要求したのである。

二年後の六月一一日には退去させられるが、多くの視線と同情を集めた点でこの作戦は成功といってよかった。

アメリカは、じっと耐えていれば、いつか公正な裁《さば》きが行なわれるという国ではなく、まずは当事者が声をあげる必要があった。世間の注目を集めたうえで、自分がいかに不当な扱いを受けてきたのかをアピールする。そのうえで具体的な法廷闘争を起こすというのが手順であった。

先住民はこのやり方で土地の権利、水利権、漁業権などを少しずつ回復してきた。教育や宗教の面でも回復は進んでいるが、既得権益を守りたい白人地主も多くいることから、戦いは長期化している。

自然環境が大きく変わり、放射能汚染により人間が生活するのに適さなくなるなど、土地を回復しても現状の回復にはならない例が少なくなかったのである。

野蛮な盗賊という先住民のイメージは間違い？

アメリカの先住民に対し、日本人の多くはステレオタイプ化されたイメージを抱いているが、それは多分に**西部劇**の影響である。

果てしなく広がる荒野に見えるのは荒涼たる岩山か巨大なサボテンばかり。つばの広い帽子をかぶり、腰に拳銃を下げた男たちが馬に乗って、ある集落から別の集落へと渡り歩く。同じ道を集団移住者が乗る幌馬車《ほろばしゃ》も行き交ったが、それはときに先住民の襲撃に晒され、全滅することもあった。

これは西部劇によくあるパターンで、一九五〇年代までの西部劇では、先住民は**野蛮**な盗賊としてしか描かれることはなかった。この傾向に待ったをかけたのが、ケネディ暗殺後のブラック・パワー運動の影響で盛んになった**レッド・パワー運動**だった。「レッド」とは先住民の皮膚の色を表わしたものである。

人びとは西部開拓と呼ばれる出来事が本当に「開拓」と呼びうるものであったのかどうか、疑問を抱き始めた。こうした心の迷いを映すかのように制作されたのがジョン・フォード監督の『シャイアン』(一九六四年)であり、一九七〇年代の『ソルジャーブルー』『小さな巨人』などであった。これにより西部劇は単純明確でアクション中心の娯楽映画ではなく、社会派のものへと変化した。それは西部劇の歴史が事実上閉じられたことをも意味していた。

イラン革命とテヘラン人質事件

中東での優位性を重視したアメリカ

天然資源の宝庫である関係上、アメリカは**中東**での優位を維持し続ける必要があった。アメリカが親イスラエル姿勢に終始したことから、アラブ強硬派諸国を東側陣営に走らせることになったが、軍費の負担に耐えかねた**エジプト**が**イスラエル**との和平に応じたことで、アメリカにとっての不安材料は大幅に減少した。

産油国の中でもアメリカが最も重要視したのは、世界最大の石油埋蔵量《まいぞうりょう》を誇る**サウジアラビア**だった。イスラム教の二大聖地、メッカとマディーナ（メディナ）を有するサウジアラビアにアメリカ軍が駐留するのはさし障《さわ》りがあることから、アメリカはサウジアラビアをはじめとする湾岸産油国を防衛する任務を、同じく産油国の**イラン**に委《ゆだ》ねていた。

当時のイランでは王政がとられ、パフラヴィー王朝二代目の**モハンマド・レザー・パフラヴィー**が君臨していた。

モハンマド・レザーは親米・親イスラエルの外交姿勢をとりながら、国内においては軍と警察および情報機関を駆使した独裁政治を行なっていた。疑い深い性格であったのか、情報機関だけで八つも設けていたが、柱となったのがCIAやFBI、イスラエルのモサドの協力のもと、一九五七年に創設された国家情報安全機関（サヴァク）で、秘密警察と呼ぶにふさわしかった。国中を監視下に置き、反対勢力の弾圧と一掃《いっそう》を徹底化したのだが、国王はサヴァクにも心を許すことなく、これを監視するためだけの組織まで設けていた。

イランの**親イスラエル政策**には少し説明を加えておかなければならない。モハンマド・レザーがそのような外交姿勢をとったのは、アメリカが親イスラエル姿勢を明確にしていたからで、アメリカがそうなったのには、**フランクリン・ローズベルト**が深く関わっていた。ローズベルトはアメリカ史上唯一、四選を果たした大統領だが、彼の評判は**WASP**《ワスプ》（アングロ・サクソン系白人カトリック）の間では芳《かんば》しくなかった。WASPの協力を得られないとなれば、どうやってスタッフを確保すればよいのか。カトリックは数こそあれども人材という点では心もとなく、黒人や先住民は問題外だった。そうなれば、残るは**ユダヤ系**およびユ**ダヤ人**しかなかった。総人口に占める割合こそ少ないが、財を成した者も多く、教育水準も高い。普段から思考を働かせるのを習慣とし、創造力にも優れていることから、政治的な人材にも事欠かなかった。ここに**民主党**ひいては**アメリカ政府**とユダヤ人およびユダヤ系の蜜月《みつげつ》が始まり、のちには彼らが強力なロビー勢力を形成したことから、アメリカの**内政**と**外交**の両面で大きな**影響力**をもつにいたるのだった。

ちなみに、ユダヤ系とはキリスト教に改宗したユダヤ人のことで、代を重ね、現在では自分のルーツがユダヤ人であることを知らない者も少なくないが、全体として、政治的には**新保守主義**に走る傾向が強くみられる。

アメリカの代理人として湾岸諸国を防衛するとの大義名分のもと、イランは軍備拡大路線に邁進《まいしん》する。防衛費は右肩上がりの状況が続き、一九七七年には世界第五位の軍事大国になる。兵員数も一九七二年の一九万人から一九七七年には四一万人にまで増加。湾岸地域で最大の海軍力を有し、空軍の戦闘能力は世界第四位、陸軍の装備はイギリスのそれよりもはるかに優秀で、規模の点でも匹敵するまでになっていた。イスラエルを別として、中東で最強と目される軍事力を有していたのである。

イランで高まった反王政と反米の機運

アメリカは無条件でイランへの援助を行なったわけではなく、中国での失敗を教訓として、土地改革の実施を義務づけていた。

大地所有制は小農や小作人を共産主義に走らせる危険性が高く、大地主からなる政権は不公正と腐敗の温床になる。自分で自分の首を絞めることにならないよう、上からの改革を促したのだった。土地の再分配を柱としたイランの**モハンマド・レザー**の改革は**白色革命**と総称される。これにより、確かに自作農は増えたが、新たな小作人の七五パーセント以上は、一家の生計を支《ささ》えるに十分でない土地しか取得できず、不足分を補うには借金をするか、土地を転売して再び小作人になるしかなかった。養《やしな》える家族にも限りがあることから、次男以下には都会に出て、自活してもらわなければならなかった。

深刻な打撃を被《こうむ》ったのは伝統的な地主層も同じであった。イランで伝統的な地主層といえば、**モスク**や**マドラサ**と呼ばれる神学校関係者であることが多かった。信者から寄進された土地を農牧地にするか、商売人に貸すかして、そこからあがる収益を運営費にあてるシステムが確立していたのである。

これらの損害を被るばかりの人びとがいた一方で、恩恵に与《あずか》る者たちもいた。それは中の上くらいの地主たちで、その大半はモハンマド・レザーのとり巻き連中だった。

かくして、イランには極端な格差社会が到来した。都市と農村、都市の中でも上・中層と下層との開きが大きく、後者は農村からの移住者で占められていた。未曽有《みぞう》のインフレが貧困層を直撃して、失業率の上昇は止まらなかった。大衆の怒りはモハンマド・レザーとそれを支援するアメリカに向けられ、それとは逆に人望を寄せられたのは、王政批判を続け、海外での亡命生活を余儀なくされていた**ホメイニー師**だった。

アメリカの威信が大きく失われたイランのアメリカ大使館占拠事件

ホメイニー師はイスラム教シーア派の最高権威の一人で、海外からイランへカセット・テープを通じてメッセージを送り続けた。

反王政デモの規模が膨《ふく》らむ一方であることから、一九七九年一月一六日、モハンマド・レザーは病気療養を理由に家族を連れて国外へ脱出する。一九七九年一月、事実上の亡命であった。

この事態を受けて、二月一一日にはホメイニー師が帰国を果たした。四月一日には国民投票の結果に基づき、**イラン・イスラム共和国**の樹立が宣言されるが、これはイスラム法学者による統治を謳う史上最初の例であった。

王政の打倒は宗教勢力単独で実現されたわけではなく、自由主義者から共産主義者まで幅広い層との共闘の賜物《たまもの》であったが、知名度の点でホメイニー師に並ぶ者がいなかったことから、一般大衆はもっぱらホメイニー師を革命の指導者として称《たた》えた。

その熱気は国王一家の亡命やホメイニー師の帰国、イスラム共和国の成立を迎えても衰えることなく、さらなる発散の場所を求めていた。そんな彼らがテヘランにあるアメリカ大使館を見逃すはずはなかった。ホメイニー師は西欧的価値観に真っ向から挑戦する考えを繰り返していたから、ホメイニー師に心酔する若者たちが、西欧列強によってつくられた国際ルールを遵守《じゅんしゅ》するはずもなかった。

かくして、同年一一月四日、「ホメイニー師に従うムスリム学生団」と名乗る先鋭分子たちによって引き起こされたのが**アメリカ大使館占拠事件**だった。人質《ひとじち》とされたアメリカ人は総勢五二人を数え、モハンマド・レザーの身柄と資産の引き渡しが解放の条件として示された。

アメリカは特殊部隊による救出作戦も試みたが、不運な事故が重なり、失敗に終わった。地道な交渉が功《こう》を奏《そう》して、一九八一年一月二十日になってようやく人質全員の解放となるが、この事件によってアメリカの威信は大きく傷つき、ベトナム戦争以来引きずっていた無力感もさらに強まることとなった。

nation.

⑧ Terrorist attacks can shake《揺さぶる》 the foundations《土台》 of our biggest buildings, but they cannot touch《触れる》 the foundation of America.

⑨ These acts shattered《粉砕した》 steel《鋼鉄》, but they cannot dent《へこませる》 the steel of American resolve《決意》.

⑩ America was targeted《標的にされた》 for attack because we're the brightest《最も明る》 beacon《灯台》 for freedom and opportunity《機会》 in the world.

⑪ And no one《誰も〜しない》 will keep《〜を一することから遠ざける》 that light from shining.

⑫ Today our nation saw《出会った》 evil《邪悪さ》, the very《まさに》 worst《最悪》 of human nature《本質》.

[…]

⑬ This《この日》 is a day when all Americans from every walk《歩み》 of life unite《連帯する》 in our resolve for justice《正義》 and peace《平和》.

⑭ America has stood down《引きずり降ろす》 enemies《敵》 before, and we will do so this time.

⑮ None《誰も〜しない》 of us will ever forget《忘れる》 this day, yet we go forward《前進する》 to defend《守る》 freedom and all that is good and just《正しい》 in our world.

☞日本語訳は218ページにあります。

Column　PRESIDENTIAL ADDRESSES, SPEECHES

Address on the Terrorist Attack by President George W. Bush on September 11 in 2001 (extract)

演説　～に関する　テロリスト　攻撃　ジョージ・W・ブッシュ大統領　9月　抜粋

※ブッシュ大統領がこのあと、2002 年 1 月の一般教書演説の中で、下の演説でも使われた evil (悪らつな、邪悪さ) という言葉を用いて、イラク、イラン、北朝鮮 (Iraq, Iran & North Korea) を名指しで axis of evil (悪の枢軸《すうじく》) と批判したことはあまりにも有名。

① Today, our fellow citizens, our way of life, our very
今日　同胞　国民　日常生活　まさに
freedom came under attack in a series of deliberate
自由　～を受けた　一連の　故意的な
and deadly terrorist acts.
致命的な　行為

② The victims were in airplanes or in their offices:
犠牲者たち　飛行機　オフィス
secretaries, business men and women, military and
秘書たち　軍部の
federal workers, moms and dads, friends and neighbors.
連邦政府の　お母さんたち　お父さんたち　友人　隣人

③ Thousands of lives were suddenly ended by evil,
幾千の～　命　突然　終わらせられた　悪らつな
despicable acts of terror.
卑劣な　恐怖

④ The pictures of airplanes flying into buildings, fires
映像　建物　炎
burning, huge structures collapsing have filled us with
燃える　巨大な　建造物　崩壊する　～で満たした
disbelief, terrible sadness, and a quiet, unyielding
不信　恐ろしい　悲しみ　沈黙　屈しがたい
anger.
怒り

⑤ These acts of mass murder were intended to frighten
巨大な　殺人　～しようと企んだ　脅迫して～に追い込む
our nation into chaos and retreat, but they have failed.
混乱　後退　失敗した

⑥ Our country is strong.
強い

⑦ A great people have been moved to defend a great
防衛する

|コラム| アメリカ大統領演説〈日本語訳〉……… 6

ジョージ・W・ブッシュ大統領の9.11テロ攻撃に関する演説（抜粋）

①国民のみなさん、本日、われわれの日常生活、他ならぬわれわれの自由が、一連の故意的かつ致命的なテロリストの攻撃を受けました。

②犠牲者は、旅客機の中、あるいは職場で働く秘書の人たち、ビジネスマンやビジネスウーマン、軍関係や連邦政府で仕事をする人たち、お母さんやお父さん、友人や近隣の人たちである。

③幾千人もの命が、悪らつで卑劣極まる恐怖の行為によって、突然、終止符を打たれたのである。

④飛行機がビルの中に飛び込んで行き、炎が燃え上がり、巨大な建造物が崩壊する映像は、われわれを不信とひどい悲しみ、そして沈黙と屈しがたい怒りでいっぱいにした。

⑤これらの大量殺りく行為は、わが国を脅迫《きょうはく》して混乱と後退へと追い込むことを企《たくら》んだものだろう。しかし、その企みは失敗した。

⑥われわれの国は強靭《きょうじん》なのである。

⑦偉大な国民は、偉大な国家を防衛するべく動かされつつあるのである。

⑧テロリストの攻撃は、われわれの国の最も巨大なビルの土台を揺るがすことはできでも、アメリカの土台に触《ふ》れることはできないのである。

⑨これらの行為は、鋼鉄を粉砕したが、アメリカの決意の鋼《はがね》をへこませることはできないのである。

⑩アメリカが攻撃の標的とされたのは、われわれが世界において自由と機会への最も輝《かがや》かしい灯台《とうだい》であるためである。

⑪そして、誰にもその明かりを輝かないようにすることはできないだろう。

⑫本日、われわれ国は邪悪さという人間のまさに最悪の本質に遭遇《そうぐう》した。

（中略）

⑬今日という日は、すべてのアメリカ人があらゆる生活の歩《あゆ》みから、正義と平和に対するわれわれの決意によって連帯する日である。

⑭かつてアメリカは敵を引きずり降ろしてきた。そして、今度もわれわれはそれを行なう。

⑮われわれは誰一人もこの日を忘れないだろう。そして、われわれは自由と、われわれの世界で善良で正しいすべてのことを守るために、前進するのである。

第6章

テロとの戦い

冷戦終結で唯一の超大国になったアメリカ

米ソ冷戦の終結が宣言される

東西冷戦の状況が続く一九七九年、ソ連軍による**アフガニスタン侵攻**が開始された。これは共産主義政権からの要請に応じる形をとったもので、反政府勢力を平定したら撤退する予定であったが、思いも寄らない激しい抵抗に遇《あ》い、ソ連もいつしかアメリカがベトナム戦争で経験したのと同じ、泥沼に突入していた。

ソ連がもがき苦しむ状況を横目にして、アメリカの**レーガン政権**は宇宙にまで舞台を広げての**軍備拡大競争**を挑《いど》みかけた。

軍拡《ぐんかく》を先に放棄したほうが負けという単純な勝負ではあったが、ひとたび武力衝突が起きれば、双方に甚大な被害をもたらすのが必至《ひっし》の、危険性の高いやり方でもあった。

長期化したアフガニスタンでの作戦と軍拡競争が重なったことで、ソ連は一《いち》か八《ばち》かの決戦に運命を委《ゆだ》ねることなく、一九八五年のゴルバチョフ書記長の就任を境に態度を軟化させ始める。経済破綻《はたん》が現実化する恐れが出てきたことから、勝敗を競《きそ》うどころではなくなったのである。

かくして、ジュネーブとレイキャビクでの**米ソ首脳会談**を経て、一九八七年十二月のワシントンにおける首脳会談では**中距離核戦略全廃条約**が締結されるなど、雪解《ゆきど》けムードが高まる中、一九八九年十二月の**マルタ会談**において、**冷戦の終結**が宣言されたのだった。

アメリカはこの日がくることを予測して、ゴルバチョフ政権の誕生時から外交政策の転換を始めていた。自由主義を掲《かか》げながら、反共独裁政権を支援するという二重基範《ダブルスタンダード》を放棄して、**人権の侵害**や**自由の抑圧**に対して厳しい態度を示すようになったのである。これを契機《けいき》として、台湾では一九四八年以来布《し》かれたままの戒厳令《かいげんれい》の解除、韓国では軍政から民政への移管、フィリピンではマルコス政権の退陣、南アフリカでは人種隔離政策（アパルトヘイト）の廃止が行なわれたのだった。

国連決議に基づいてアメリカが鉄槌を下すという図式

地域紛争が起きれば、国際連合の緊急安全保障理事会が開かれ、非があると判断された国に対して非難決議が採択され、経済制裁が科《か》せられることもあるが、冷戦下では、米ソのどちらかが拒否権を行使することによって、決議が葬《ほうむ》り去られることが多かった。東西どちらかの陣営に属していれば、かなりの無理がまかり通ったのである。

だが、ソ連が事実上の敗北宣言をして、アメリカが唯一の超大国となった時点から国際ルールに変化が生じた。

その変化を見誤った代表例が、隣国クウェートに侵攻したうえ、自国への併合を宣言した**イラク**の**サダム・フセイン大統領**だった。

ソ連に実力とやる気のあるときであれば、サダムとイラクには何のお咎《とが》めもなく、併合も既成事実化されていたかもしれない。しかし、ソ連による庇護《ひご》が期待できない状況では、ただですませられるはずはなかった。

はたして、国連安保理での決議に従い、アメリカ軍を中核とする**多国籍軍**が組織され、その圧倒的な戦力を前にしてはイラク軍もなす術《すべ》を知らず、クウェートを完全放棄してイラクに敗走するしかなかった。

この**湾岸戦争**における勝利はアメリカ人からベトナム症候群を振り払う効果をもたらしただけでなく、今後の国際秩序のあり方を示す模範とも受け取られた。

国際法を犯す勢力に対しては、国連決議に基づいてアメリカが鉄槌《てっつい》を下《くだ》す。これが常套《じょうとう》パターンになるかと思われた。

圧倒的な勝利に気をよくしたアメリカには早くも慢心が生じていた。そんな彼らに冷水を浴びせたのが**ソマリアの内戦**だった。

ソマリアはアフリカ東部に突き出た半島状の国家だが、当時は一〇以上の武装勢力が割拠する支離滅裂《しりめつれつ》な状態にあった。アメリカは平和維持軍の中核としてそこに乗り込み、秩序の回復に取り組もうとしたのである。

ソマリア内戦への干渉で道を誤ったアメリカ

ソマリアで展開された「希望回復作戦」は、一足早く上陸した報道陣が、上陸作戦を決行する平和維持軍を正面から撮影するという奇妙なスタートとなった。誰もが勝利を信じて疑わなかったからこそ、そのような余裕の演出がなされたのであろう。

しかし、その作戦には湾岸戦争のときとは大きく異なる点があった。平和と秩序を回復するといっても、いったい誰と戦えばよいのか。群雄割拠の状態にあるソマリアにおいて、特定の武装勢力に加担するのか、それともすべての武装勢力をいったん無力化するのか。そのあたりの計画が不十分なまま作戦が開始されたことのツケは、現場の兵士たちが自分の命で支払わされることとなった。

アメリカ軍の軍用ヘリが撃墜されることはありえない。ベトナム戦争時においては確かにそうだったが、迎撃兵器の発達により事情は変わった。軍用ヘリが撃墜され、米軍兵士の遺体が市中を引きずりまわされる動画が公開されるに及び、アメリカ世論は急変した。アメリカの国益に直接関係のない戦争には関与すべきでないとの論調が一気に高まり、唯一の超大国としての使命感はどこかに置き去りにされたのだった。

これよりしばらく、ソマリアとアフガニスタンは「**破綻**《はたん》**国家**」として、アメリカからも他の先進国からも見放される状態が続いた。それは秩序回復のための国際的な関与がなされないことと同時に、監視の目もなくなることを意味していた。

かくして、ソマリアとアフガニスタンは**テロリスト**にとって、かっこうの隠れ家《かくが》であると同時に訓練の場ともなり、**オサマ・ビン・ラディン**率いる**アル・カイダ**などを生み出すこととなったのである。

繰り返される黒人暴動

貧困層をとり巻く環境が悪化する

アメリカのスポーツ界に黒人選手は欠かせない存在。カール・ルイスやマイケル・ジョーダンに代表されるように陸上競技とバスケットボールにいたっては黒人選手が主役といっても過言ではない。

彼らの活躍とファンの熱狂ぶりを見ていると、**黒人差別**など、過去の遺物《いぶつ》と思ってしまいがちだが、実のところ、**公民権運動**が絶頂期を迎えた一九六〇年代半ばと比較して、現在の黒人のほうが恵まれているかといえば、これには否《いな》と答えるしかない。黒人の生活が苦しさを増した原因として、一九七〇年代後半から台頭してきた**新保守主義**の影響と、**レーガン政権下**に本格化した産業構造の変化を挙げることができる。

新保守主義とは、一九六〇年代の反動とも呼ぶべき思想傾向で、性の解放や人工妊娠中絶、同性婚、マリファナ、福祉国家などに拒絶反応を示し、**勤勉さと家族の絆《きずな》**を重視。競争社会こそあるべき姿で、その結果生じる格差はやむをえない、貧困から抜け出せないのは自己責任とするものであった。

共和党選出のレーガンは彼ら新保守主義や後述する福音派《ふくいんは》の意に適《かな》う政策を掲げたことから、一九八〇年の大統領選挙において勝利を収めたのだった。

レーガンはしきりに「**強いアメリカの再生**」という言葉を繰り返していた。対外的・軍事的に強いアメリカを復活させるだけでなく、「大きな政府」を「**小さな政府**」に転換することによって経済再建をも図ると訴えていたのである。

しかし、軍拡を進めながら、経済再建も果たすというのはかなり無理な話で、歳入の大きな伸びがみられない状況下で軍拡をするとなれば、他の予算を削るしか策はなかった。このとき、「小さな政府」への転換という意味からも大ナタを振るわれたのが、教育と福祉関係の予算だった。

公立学校や保育所に対する補助金が削られた結果、最も大きな影響を被ったのが大都市で**アンダークラス**と称された**貧困層**、すなわち下層大衆だった。それは多くの場所で黒人社会と重なり、粗末な給食で栄養が行き渡らないうえ、ひたとび落ちこぼれてしまえばやり直しの機会もないことから、自暴自棄《じぼうじき》になってアルコールや麻薬に手を出す少年が増えるばかりだった。保育所の数も足りないとくれば、母親が働きに行くことができず、親が貧しければ子も貧しいという貧困の連鎖が固定化することにもなったのである。

負の連鎖にはさらに続きがあった

工業社会の到来以来、アメリカ経済を牽引《けんいん》してきたのは**製造業**だった。しかし、ヨーロッパ諸国や日本企業との競争が激しくなる中、アメリカ企業が生き抜くためには**合理化**を図る必要が生じた。**生産調整**や**人員整理**をしたうえ、工場施設も税金がより安く、**低賃金労働者**をも確保しうる国内の後進地域、さらには国外へ移さざるをえなくなったのである。

工場施設を大都市近郊に残すとしても、機械化に伴う人員削減や、正規雇用を減らし、パートタイマーを増やすといった合理化が避けられず、ここでもしわ寄せを食らったのがアンダークラスで、大都市のそれは黒人社会とほぼイコールだった。

衰える業界がある半面、新興産業もあったが、それはある程度以上の教育水準を必要とするハイテク産業だった。公教育機関がしっかり機能していれば、誰にでも就学終了後の道が開けたはずが、公教育現場の荒廃からそれはかなわず、低所得者層の家庭に生まれた子どもには、底辺からはい上がる道さえ狭き門と化していたのだった。

悪条件の連鎖にはさらに続きがあった。大都市における製造業の衰退は大量の失業者を生み出し、失業は夫婦関係の破綻、離婚の増加につながった。最初から未婚の母子家庭と離婚による母子家庭はともに増加の一途《いっと》を辿《たど》り、一九八〇年には全黒人家庭に占める母子家庭の割合が約四〇パーセント、数にして二四九万世帯、一九九〇年には四四パーセント、三二七万世帯を数えるまでになった。ちなみに、白人家庭のそれは一九九〇年で一三パーセントだった。

両親のいる家庭でも、一家を養えるだけの賃金が得られる正規雇用への道は限りなく狭《せば》まり、パートタイマーとして働こうにも保育所が不足していた。保育所に子供を預《あず》け、夫婦のうちどちらかが正規雇用、もう一方がパートタイマーにつければ、なんとかまともな生活を送ることができるはずが、大都市ではそれさえもままならないというのが、レーガン政権以降のアメリカ社会の実情だった。

差別と貧困が暴動を誘発させる

経済的苦境だけではなく、黒人に対する差別も根強く存在した。アメリカン・フットボールでスーパースターの地位を確立していたO・J・シンプソンでさえ例外ではなく、元妻とその恋人を殺害した容疑をかけられた際にも、警察官や陪審員が差別感情を抱いていたか否《いな》かという点が全米の注目を集めたのと同時に、真相解明の妨《さまた》げともなった。

黒人差別の根強さは、一九九二年の大統領選挙に際しても浮き彫りにされた。このとき共和党の副大統領候補には、アメリカ軍の制服組トップにあたる統合参謀本部議長がほぼ内定していた。黒人のパウエルである。湾岸戦争で多国籍軍の総指揮を執《と》ったことから、知名度とカリスマ性の両面で申し分ない人選だった。ところが、大統領が在任中に亡《な》くなれば、この黒人であるパウエルが繰り上げで大統領となり、残りの任期を全うすることになる。そのため、白人至上主義者たちが強硬に反対の声を挙げた。結果として、パウエルは選から外《はず》されたのだが、国民の大半が容認姿勢でいるのに、偏狭な少数意見で結果が覆《くつがえ》るというのは、外からみればアメリカの汚点《おてん》でしかないのだが、当事者には当事者なりの理屈があったのだろう。

差別と貧困が密接につながっていれば、いつ怒りが爆発してもおかしくはない。一九九二年四月の**ロサンゼルス暴動**や二〇一四年一一月の**ファーガソン暴動**をはじめ、白人警官による過剰行為をきっかけとして、大規模なデモが暴動へと発展する事件が増えている。

貧困層は災害弱者でもある。二〇〇五年八月、アメリカ史上最悪の自然災害となったハリケーン「カトリーナ」は一八三六人以上の人命を奪ったが、その大半は黒人だった。その後も夏が訪れるたびに巨大ハリケーンに見舞われているが、被害の大きなところは黒人貧困層が多く住む地域に集中している。

黒人の命が軽んじられているから、有効な予防がなされず、災害時の救援も疎《おろそ》かにされているのではないか。社会的上昇を図る道が閉ざされているのも同然の状況では、差別に敏感になるのも無理はなかった。

一方、貧困層はヨーロッパ系白人の間にも広がっており、彼らは有色人種が人種差別を言い立てることで優遇されているのに対し、自分たちはそのしわ寄せのせいで逆差別をされていると感じるなど、貧困層の中でも人種による分断が起きている。

アメリカは世界一危険な国になったのか？

同時多発テロ事件が起こる

冷戦が終結すれば、真の世界平和が訪れる。そんな淡い期待は、旧ユーゴスラヴィアをはじめ、世界各地で多発した民族紛争や地域紛争によって吹き飛ばされてしまった。それらの紛争が下火《したび》になったかと思われた**二〇〇一年九月一一日**、世界中を震撼させる出来事が起きた。アメリカの中枢部を標的とした**同時多発テロ事件**がそれで、ニューヨークの**世界貿易センタービル**では、一機目の旅客機突入について事故か事件かまだわからないと中継しているテレビ画面上に二機目の突入がリアル・タイムで映り込み、視聴者の誰もが、今まさに大規模なテロが実行されていることを、誰に説明されるよりも早く悟ったに違いない。

テロを実行したのはカーイダという**イスラム過激派組織**。日本ではアラビア語の定冠詞「アル」をつけた**アル・カイダ**の名で呼ぶことが慣例化している。

▲同時多発テロで無惨に焼け落ちる世界貿易センタービル

アル・カイダの組織者はサウジアラビア出身の大富豪**オサマ・ビン・ラディン**で、義勇兵としてアフガニスタンに赴《おもむ》き、ソ連軍と戦った経験を有している。

反米意識の誕生は、一九九〇年の湾岸危機に際して、アメリカ軍がサウジアラビアに駐留したことをきっかけとする。

イスラム教の二大聖地を有するサウジアラビアに異教徒の軍隊が駐留するなど、イスラム教の成立以来、例のない事態であり、ビン・ラディンはこれをイスラム教に対する冒瀆《ぼうとく》と受け取った。聖域を汚《けが》した相手には相応の罰を与えなければならない。このような報復感情が、同時多発テロ事件につながったという。

それより前の一九九八年、ケニアとタンザニアで同時に発生したアメリカ大使館爆破事件についても、アル・カイダの関与が疑われるなど、九・一一以前のビン・ラディンとアル・カイダが完全にノーマークというわけではなく、テロ組織として警戒対象に指定されていたのだった。

アフガニスタン、イラクの治安が十年経っても回復しない理由

同時多発テロ事件の発生時、**ビン・ラディン**は**アフガニスタン**に滞在していた。アフガニスタン全土の約九割を実効支配する、同じくイスラム過激派からなる**タリバン政権**から客分として遇されていたのである。

ひとたび客として受け入れることを決めたならば、たとえ肉親を殺した相手とわかったとしても、命がけで守り通す。それが西アジアから中央アジア一帯に広がる遊牧社会での慣習であることから、アメリカから何と言われようとも、ビン・ラディンを引き渡すことなど、タリバン政権にやれるはずはなかった。

かくして、二〇〇一年一〇月七日、米・英軍を中核とする**有志連合**により開始されたのが**アフガニスタン戦争**だった。

米・英軍による空爆開始から約一カ月後、北部の国境地帯でタリバンへの抵抗を続けていた**北部同盟**という諸勢力の連合体が本格的な攻勢に出たことで形勢は一気に傾《かたむ》き、十一月一三日には北部同盟が首都カブールを制圧。タリバンは南部へと敗走することとなった。

これに気をよくしたのか、アメリカは二〇〇三年三月、同様の顔ぶれとやり方でイラク戦争を開始した。

開戦から二十日あまりで首都バグダードを制圧するなど、サダム政権の打倒にはあっけなく成功するが、さきのアフガニスタンといい、今度のイラクといい、首都制圧から十年以上が経過した現在でも、治安の回復には至っていない。

原因の一つとして、アメリカの無知が挙げられる。

冷戦時代に社会主義の理論やロシア人の気質などについて徹底的に調べ上げたのと同じ作業が、イスラム世界に対しては行なわれてこなかった。政権打倒後の見通しが甘すぎたことは、否定しようのない事実だった。

テロとの戦いはなぜ難しいのか

アメリカは二一世紀の戦争を「**テロとの戦い**」と位置づけた。この言葉は、アメリカにとって一番の脅威は**イスラム過激派**で、アメリカが一番の標的にされていることを自覚したうえで作られたものだった。

しかし、テロとの戦いには冷戦時代のソ連ないしはモスクワ、クレムリンにあたるような明確な敵の中枢が存在しない。どこを叩《たた》けばよいのか、誰を殺害するのが効果的なのかが予測ができない状況では、圧倒的な軍事力を有していても安心することはできなかった。

組織的なものならともかく、誰の命令にもよらず、単独で実行されるテロはなおさら予測できない。二〇一三年四月の**ボストン・マラソン爆破事件**などはその典型的な例である。テロの対象がアメリカ政府ないしは軍関係の施設であれば警備を厳重にすることで防ぎようもあるが、アメリカ人なら誰でもかまわないとなれば、これはもう完全に防ぐのは不可能といわざるをえない。

もとよりアメリカでは、イスラム過激派が台頭《たいとう》する以前から銃の乱射事件がたびたび起きている。

人種差別によるものもあれば、同性愛者を標的にしたもの、中絶クリニックを狙ったもの、さらにはまったくの無差別のものもある。

一九七八年から一八年間にわたり、全米を恐怖に陥れた連続爆弾魔ユナボマーことオドア・ジョン・カジンスキーのような例もあれば、一九九五年の極右白人至上主義者による連邦政府ビル爆破事件のような例もある。極右の中にはいまだ南北戦争時の南部のように、連邦政府を目の敵《かたき》にしている者たちもいるのである。

ボストン・マラソン爆破事件のようなテロであれば、誰でも起こせる現代のアメリカ社会において、イスラム教徒の入国禁止措置は一時の気休めくらいの効果しかもたらさないであろう。

アメリカ史上初めての黒人大統領誕生

純粋な黒人ではないオバマ

黒人初のアメリカ大統領の誕生。二〇〇八年の大統領選挙で**民主党**の候補**バラク・オバマ**の当選が決まったときには、右の文句が盛んに日本のメディアで用いられた。

一方で、選挙期間中のオバマ陣営では彼が両親とも黒人の、いわゆる純粋な黒人ではないことが強調されていた。共和党陣営による、オバマはイスラム教徒であるとの宣伝に対しても、これを真《ま》っ向《こう》から否定する声明を出している。

事実、オバマの父親はケニア人だが、母親は白人で、母親の再婚相手がインドネシア人であったことから、五歳から十歳までをジャカルタで過ごした経歴をもつが、オバマ自身はイスラム教徒ではない。また、父親はケニア生まれであるから、オバマは奴隷の子孫にもあたらない。

肌の色からすれば黒人だが、黒人の父親と白人の母親の間に生まれたハーフというのが実情であるわけだが、家柄ではなく、何ができるかを判断材料にしてきたアメリカにおいて、オバマの家系が詮索《せんさく》されたのは、極めて異例なことだった。外見が黒人だからこそ起きた現象であった。

グアンタナモ基地問題にみるアメリカの闇

選挙活動中、オバマは**キューバ**にある**グアンタナモ基地**の閉鎖を訴えていた。同地がアメリカ軍の手に落ちたのは一八九八年のスペインとの米西戦争《べいせいせんそう》のときで、独立してすぐのキューバ政府から永久租借権を得てからというもの、軍事基地として利用してきたものである。

テロとの戦いが本格化して以降、アメリカはそこにテロリスト被疑者たちを収監していたのだが、捕虜でも犯罪者でもないテロリストという扱いをはじめ、他国での警察権の行使、グアンタナモ基地への送還、尋問《じんもん》という一連の過程のすべてに何ら法的根拠はなかったのである。身柄の拘束も密告だけに拠る場合が多く、尋問では拷問《ごうもん》も行なわれた。弁護士との接見は許されず、釈放となった場合でも、賠償はおろか謝罪すらない。さらに、看守による虐待が公《おおやけ》にされたことで、同基地の存在をアメリカの恥とする声も強まった。

▲アメリカ大統領として初めて広島を訪問したオバマと安倍総理大臣

その流れを受けて、オバマもグアンタナモ基地の閉鎖を公約に掲げていたのだった。

だが、現状を先にいえば、グアンタナモ基地はいまだテロリスト被疑者収監の場として使用されている。釈放されてすぐテロ行為に走った者がいたことなどから、たとえ一〇〇〇人の冤罪者《えんざいしゃ》を出そうとも、一人のテロリストをみつけられればよしとする方向に世論が流れていったのである。

もちろん、グアンタナモ基地の存在やあり方に疑問や懸念を抱く人も少なくない。他国が同じような行動をとったとき、あるいはアメリカ人が他国で同じ目に遭《あ》わされたとき、どう対処するつもりなのか。自分で先例を作っておきながら、人権上許されないことと抗議の声をあげられるのか。アメリカにだけ許されることとでも開き直るつもりなのか。

残念ながら、グアンタナモ基地の問題について論じる際、そこまで念頭に入れている人はアメリカではごくわずかのようである。

オバマケアがすんなり進まないアメリカの事情

オバマ大統領が内政面でもっとも力を注いだのは通称「**オバマケア**」、日本の国民健康保険に相当する**医療保険制度法**の制定だった。

アメリカでは経済的な理由でどの医療保険にも加入できずにいる人が約五〇〇〇万人にものぼることから、オバマは彼ら貧困層を救済する策の一つとして、同法案の成立を重要な政治課題としていたのである。

法案成立までにさまざまな障害が立ちはだかっていた。成立から施行までも同様で、施行されてからも問題が百出《ひゃくしゅつ》して、修正に次ぐ修正が重ねられている。なぜ、こうもたつくのか。

国民皆《かい》保険制度を自明のこととする日本人には、先進国であるはずのアメリカがなぜ、そんな有様《ありさま》なのか、理解しかねるに違いない。だが、アメリカが**自由競争社会**であることに思いをいたせば、答えは明確である。機会は平等に与えられるが、結果については**自己責任**で片づけられる。従来の保険に加入できるだけの資金を稼げなければ、それは当人の非であって、必要な医療を受けられないのも自己責任という論理である。

競争社会に敗《やぶ》れた者を救っていては社会から活力が奪われてしまう。依存症体質の人間が増えるのを防止するためにも、公共機関の関与はできるだけ避けるのが望ましい。入植の開始以来、自分の身は自分で守るという考えが基盤にある中、新保守主義が勢いを増してからは、富裕層から貧困層に向けられる眼差《まなざ》しは厳しさを増しており、そうした空気がオバマケアの成立を遅らせただけでなく、成立後も足を引っ張り続けているのだった。

貧富の差を肯定する一方で、アメリカ社会には別の価値観もはたらいている。それは、キリスト教の教えに基づく慈善活動の奨励で、高所得者はそれに見合った寄付などをするのが社会的義務とされ、それを欠いていてはセレブとはみなされない。

スポーツ選手にせよ、映画俳優にせよ、セレブとみなされるには慈善活動が必須条件であり、競争社会によって生じる歪《ひず》みは、こうした自主的な富の再分配によって是正しうる。だから連邦政府や州政府が関与するまでもないという考えが、一方には存在するのである。

急増するヒスパニック系移民に対して反移民感情を抱く本当の理由とは

メキシコからの移民が急増する理由

メキシコとの国境に壁《ウォール》をつくる。これは**ドナルド・トランプ**の過激発言の一つだが、彼が大統領選挙に勝利したからは、この発言にそれなりの集票力があったとみなさざるをえない。考えうるのは、メキシコ系を中核とする**ヒスパニック系住民**の急増である。

ヒスパニックとは、スペイン語を母語とするラテン・アメリカ系住民の総称で、二〇一〇年の国勢調査によれば、総人口三億八七四万人のアメリカで、ヒスパニック系住民の占める割合は一六・五パーセントであった。黒人のそれが一三・六一パーセントであるから、今やヒスパニック系こそがアメリカ最大のマイノリティーの位置にある。二〇〇二年七月に黒人人口を抜いてから、どんどん差を広げており、二〇五〇年には全米人口の四人に一人がヒスパニック系によって占められると予測されている。

なぜ、ヒスパニック系住民が急増しているのか。これには陸続きであることと経済的な事情、カトリック信者ゆえに避妊や中絶が禁止されていることに加え、歴史的経緯も関係している。

アメリカ建国時の領土は大西洋岸の一三州のみで、それ以外は武力か買収により獲得したものである。カリフォルニア州やニューメキシコ州など、南西部の諸州ではアメリカ領になってからも、多くのヒスパニック系住民が留《とど》まり、二〇世紀に始まるラテン・アメリカからの大量流入の足場を築いた。

一九二四年に制定された**移民法**は、アジアからの移民を全面的に禁止し、ヨーロッパからの移民には国別の割り当てを施《ほどこ》すなど、移民の規制を目的としたものだったが、西半球は適用外とされた。そのため、メキシコをはじめとする**ラテン・アメリカ**からの移民ばかりが急増を始めたのである。一九三〇年にはヒスパニック系住民がカリフォルニア州で最大、テキサス州で二番目のマイノリティーとなっていた。

大恐慌が長期化する中、メキシコ系の多くが故国に逆流したが、一九五〇年代以降は再び増え始めた。一九六五年に制定された移民法で、年間の移民枠に上限が設けられてからも人の流れは途切れず、不法移民が増加することとなった。

英語ができなくても、生活に困らない？

ヒスパニック系移民の約六〇パーセントは**メキシコ**出身者で占められ、**プエルトリコ**と**キューバ**がこれに続いた。メキシコ系の間では野球以上にサッカー人気のほうが高いことから、メキシコ系移民の増加を受けて、アメリカでも一九九六年にサッカーのプロ・リーグが生まれることとなった。アメリカン・フットボール、野球、バスケットボール、アイスホッケーからなるアメリカ四大プロスポーツには及ばないまでも、サッカーの認知度も着実に高まりつつある。

　アメリカ社会を表現するものとして、「**人種の坩堝**《るつぼ》（メルティング・ポット）」という言葉がある。これにはヨーロッパのあらゆる人種が溶《と》け合い、再形成されるという意味が込められているが、一九六〇年代以降、マイノリティーが発言力を強め、混合はするが、融合はしなくなってきたことから、新たに「**サラダ・ボウル**」という表現が生まれた。融合を拒否する最たる集団がメキシコ系なのである。

　英語を習得する気がまったくなくても平気でいられるのは、英語ができなくても生活に困らないからである。アメリカ人からすれば低賃金でも、メキシコの金銭感覚でいえば高給に分類される仕事。そういう職なら常時人手不足であることから、メキシコ系は失業とは無縁でいられるのだった。ちなみに、二〇一七年一月時点でもメキシコの平均賃金はアメリカのそれの六分の一にすぎない。

WASP《ワスプ》（アングロ・サクソン系白人プロテスタント）の中には、そんな彼らに敵意を剝《む》き出しにする者が少なくない。英語の習得はアメリカで市民権を得るための最低条件であるのに、それを拒絶する者が増えたのでは、アメリカ社会が分断されかねない。こうした危機意識が**反移民感情**の拡大の根底にあるのである。

現代アメリカの根底に根づく キリスト教の教えと使命感

新保守主義者と福音派の連携がアメリカの戦争や銃社会を肯定

十九世紀に**アイルランド系移民**が大挙おし寄せたことから、二〇世紀初頭にはアメリカ総人口の四人に一人がカトリックという状況が生じていた。そのときの**プロテスタント**の占める割合は二九・二パーセントで、依然として最大の集団ではあったが、このままでは遠からず抜かれる、ＷＡＳＰ優位の秩序が崩れるとの不安から、一九二四年と一九六五年に制定された**移民法**では、プロテスタントに有利な割り当てが定められた。その結果、二〇〇八年の統計では、プロテスタントの占める割合が五一・三パーセントにまで上昇していた。

同時期の別の統計によれば、アメリカ人有権者の五人に一人が福音派を自認している。福音派《ふくいんは》とは特定の宗派・教派を指すのではなく、**ファンダメンタリスト**（根本主義者）をも含めたプロテスタント保守派を指す言葉で、**宗教右《う》派《は》**と呼ばれることもある。リベラル色の濃い主流派の対極に位置する存在である。

主流派が減少の一途を辿っているのに対し、福音派は増加傾向にあり、現在のところ、信者の数では福音派のほうが優《まさ》っている。

元来、福音派には政治色がなかったが、一九六〇年代に蔓延《まんえん》したヒッピー文化などの**カウンター・カルチャー**（対抗文化）への嫌悪《けんお》感が彼らに政治色を帯《お》びさせると同時に、新保守主義との連携を促すことにもなった。

白人による入植が開始されてからというもの、アメリカ社会には自分たちの身は自分たちで守るという自衛意識が根づいており、合衆国憲法の修正第二条にも武器の所持が権利として謳《うた》われている。独立戦争では民兵、西部開拓時には自警団として戦った経験から、自衛意識はさら強固となり、現在あるような**銃社会**が維持されることにつながった。

新保守主義と福音派の連携は、自衛意識と「**明白なる使命**《しめい》」という概念を一体化させ、アメリカが行なう戦争をすべて聖戦と、肯定する解釈までをも生み出したのだった。

「明白なる使命」とは

何をもって「**明白なる使命**」とするのか。一九世紀におけるそれは、西部の土地を征服して、先住民を白人文明に同化させることを意味したが、二〇〇五年、第四三代大統領**ジョージ・W・ブッシュ**が演説で言及した中では、専制や抑圧を終わらせ、自由と民主主義を世界中に推《お》し進めることがアメリカの使命であり、そのためであれば、武力行使も許されると説明された。

これは**アフガニスタン戦争**と**イラク戦争**の正当性を訴えることに加え、名ざしこそ避けながら、ウクライナのオレンジ革命やグルジア（現・ジョージア）のバラ革命など、旧ソ連諸国で相次いだ政権交代の「**色の革命**」を称《たた》えたもので、その視線の先には中東諸国の民主化も見据《みす》えられていた。

ところで、アメリカには特別な役割が課せられているとの考え方からすれば、国際的な規制はアメリカの行動の妨げとなる。そのため、宗教右派や新保守主義の信奉者たちは国際連合や国際通貨基金、国際刑事裁判所といった国際機関ならびに多国籍機関に疑念を抱き、ときに敵意さえあらわにするのだった。

絶対平和主義を唱える「アーミッシュ」の光と影

宗教右派や新保守主義が言う聖戦は、中世の十字軍運動を正当化するため使われ始めた概念で、実のところ、キリスト教草創期の精神とは相容《あいい》れないものである。

たとえば、キリスト教が聖典とする**『新約聖書』**の**福音書《ふくいんしょ》**には以下のような文言が散見される。

「悪い者に手向《てむ》かってはいけません」

「右の頬《ほお》を打つ者には、左の頬も向けなさい」

「自分の敵を愛しなさい」

「剣をとる者はみな剣によって滅ぶのです」

これらはみなキリスト教において救世主《きゅうせいしゅ》とされるイエスの口から発せられた言葉で、素直に読むなら、一切の暴力を否定していたことは明らかである。

宗教右派も内心では、非暴力こそが正統な教えであることがわかっている。後ろめたさがあるからこそ、非暴力の立場から良心的兵役拒否を貫く**「アーミッシュ」**という教派に一目《いちもく》を置き、迫害や弾圧を加えることもほとんどなかった。

アーミッシュは、ペンシルベニア州とオハイオ州に多く点在する**共同生活集団**で、一七世紀末のスイスに始まり、改革派の流れを汲《く》んでいる。

アーミッシュが一番の理想とするのはイエスと愛弟子《まなでし》たちの時代で、教派が成立した時代をそれに次ぐものと位置づけている。ゆえに**絶対平和主義**の立場から、官職や兵役につくこと、戦争税の支払い、武器の携帯、宣誓《せんせい》などを拒絶するかたわら、電気やガソリンに代表される近代文明をも拒《こば》む生活を続けているのである。燃料には天然ガスを使用するほか、身なりや生活様式も一七世紀末のスイス農村部のものに倣《なら》っている。

　近代国家を形成する過程で、アーミッシュと連邦政府および州政府間にまったく軋轢《あつれき》がなかったわけではない。特に問題視されたのは**義務教育**と**社会保障**だった。これらの点については連邦最高裁で争われ、結局のところ、**信教の自由**を尊重する観点から、アーミッシュ側の言い分が認められ、義務教育と社会保障は彼ら独自のものでよいと認められた。

　ただし、大学教育に関しては別で、大学進学を希望する者はその期間だけ共同体から離れて一般社会の中で過ごし、卒業後、もとの共同体に復帰するか決別するかは本人の意思に委ねるのが慣例となった。

　絶対平和主義を教養とすることから、アーミッシュが多く住む地域の警察署は暇《ひま》をもて余《あま》すのが通常だった。だが、犯罪が皆無《かいむ》とまではいかず、二〇一一年にはオハイオ州で衝撃的な事件が発覚した。

　ベレゴルツという小さな共同体を従えていた人物が、自分から離反した一団に襲撃を仕かけ、拘束したうえで男性のひげと女性の髪の毛を剃《そ》り落したというもので、男性のひげと女性の髪の毛を神聖視する慣習に加え、報復を不可とする教義が破られたということで、アーミッシュの社会全体を震撼《しんかん》させる事態となった。

その後の捜査で、この指導者には余罪があることもわかった。自分のやることに異議を唱える者は鶏舎《けいしゃ》に閉じ込め、他のメンバーたちに暴行を加えさせた。カウンセリングと称して既婚女性を自宅に連れ込み、悪魔から身を浄《きよ》めると称して性行為に及ぶなど、暴君として君臨していたことが明らかになったのである。この指導者にはヘイトクライム（憎悪犯罪）の罪で禁固一五年の判決が言い渡されている。

このようなスキャンダルがありながらも、アーミッシュに対する外からの視線に大きな変化が起きることはなく、アーミッシュ社会は平穏な状況をとり戻している。

the wars that came before, and the wars that world follow《次に続く》.

⑦ Mere《単なる～》 words cannot give voice《声》 to such suffering《苦しみ》. But we have a shared《共有した》 responsibility《責任》 to look directly《直接的に》 into the eye of history and ask what we must do differently《異なって》 to curb《抑える》 such suffering again.

[…]

⑧ The world was forever《永遠に》 changed here, but today the children of this city will go through《過ごす》 their day in peace《平和に》.

⑨ What a precious《貴重な》 thing that is.

⑩ It is worth《～する価値がある》 protecting《守る》 and then extending《広げる》 to every child.

⑪ That is a future《未来》 we can choose《選ぶ》, a future in which Hiroshima and Nagasaki are known not as the dawn《夜明け》 of atomic warfare《原爆を用いた戦争》, but a the start of our own moral《道義的な》 awakening《目覚め》.

☞日本語訳は254ページにあります。

President Obama's《オバマ大統領》 Speech《演説》 in Hiroshima《広島》, Japan《日本》

① **Seventy-one years ago, on a bright《明るく晴れた》 cloudless《雲のない》 morning《朝》, death《死》 fell《落ちてきた(fall の過去形)》 from the sky and the world was changed.**

② A flash《ひらめき》 of light and a wall《壁》 of fire destroyed《破壊した》 a city and demonstrated《実際にやってみせた》 that mankind《人間》 possessed《所有した》 the means《手段》 to destroy itself.

③ **Why do we come to this place, to Hiroshima ?**

④ **We come to ponder《よく考える》 a terrible《恐ろしい》 force《力》 unleashed《ひもを解いた》 in the not so distant《そう遠くない》 past《過去》.**

⑤ We come to mourn《哀悼する》 the death, including《含まれる》 over《～以上》 100 000 Japanese《日本人の》 men, women and children, thousands of《数千の～》 Koreans《韓国人》 and a dozen《十数の》 Americans held prisoner《～の状態にあった 捕虜》.

[…]

⑥ We listen to《～を聞く》 a silent《無言の》 cry《叫び》. We remember《記憶している》 all the innocents《無実の人びと》 killed across the arc《弧(→一環)》 of that terrible war, and

オバマ大統領の広島演説

① 71 年前のよく晴れた雲一つない朝に、空から死が降ってきて、世界が変わった。

②閃光《せんこう》と火の壁が一つの町を破壊し、人類がみずからを滅ぼす手段を手に入れたことを示した。

③なぜ、われわれはこの地、広島にやって来たのか。

④われわれは、それほど遠くない過去に解《と》き放《はな》った恐ろしい力のことを沈思《ちんし》するためにやって来たのである。

⑤われわれは、10 万人を超える日本の男性・女性・子どもたち、幾千人の韓国人たち、そして捕虜《ほりょ》になった十数人のアメリカ人たちを含めた死者の人びとを哀悼《あいとう》するためにやって来たのである。

(中略)

⑥われわれは、声なき叫《さけ》びに耳を傾《かたむ》ける。あの悲惨《ひさん》な戦争や過去の戦争、そして、それに続く戦争で罪もなく命を落とした方たちに思いをはせる。

⑦単なる言葉ではこうした苦しみに声をかけることはできない。しかし、われわれは、歴史を見る眼で直視をし、再びこの苦しみをこうむることがないよう、異なる何ができるのかを問う共通の責任があるのである。

(中略)

⑧世界はここ（広島）で永遠に姿を変えてしまった。しかし、今日《こんにち》、この町の子どもたちは、平和に生きていくだろう。

⑨それは、なんとすばらしいことだろう。

⑩それは、守っていくべきことで、あらゆる子どもたちに広げていく価値のあることである。

⑪それは、われわれが選びうる未来である。広島と長崎が核戦争の夜明けとしてではなく、われわれ自身の道義的な目《め》覚《ざ》めの始まりとして記憶される未来なのである。

■参考文献・ホームページ

読売新聞
朝日新聞
毎日新聞
日本経済新聞
NHK NEWS WEB
DIAMOND ON LINE

■写真提供

時事通信フォト
国立国会図書館

著 者

島崎 晋（しまざき すすむ）
1963年東京生まれ。立教大学文学部史学科卒業。旅行代理店勤務、歴史雑誌の編集を経て、現在は歴史作家として活躍中。
主な著書に、『人の流れでわかる世界の歴史』、『目からウロコの世界史』、『日本人が知らない世界の宗教 タブーと習慣』、『なるほど！ザ・民族図鑑』、『世界史 暴君大事典』、『いまがわかる世界史の教科書』（共著）など、多数ある。

※本書は書き下ろしオリジナルです。

じっぴコンパクト新書 313

JIPPI Compact

英語《えいご》対訳《たいやく》付《つ》き
世界《せかい》の流《なが》れがよくわかる
アメリカの歴史《れきし》

2017年2月25日 初版第1刷発行
2024年3月21日 初版第6刷発行

著 者……………………島崎 晋
発行者……………………岩野裕一
発行所……………………株式会社実業之日本社
〒107-0062
東京都港区南青山6-6-22 emergence 2
電話（編集）03-6809-0452
（販売）03-6809-0495
https://www.j-n.co.jp/
印刷・製本所………大日本印刷株式会社

ISBN978-4-408-11214-5（第一経済）